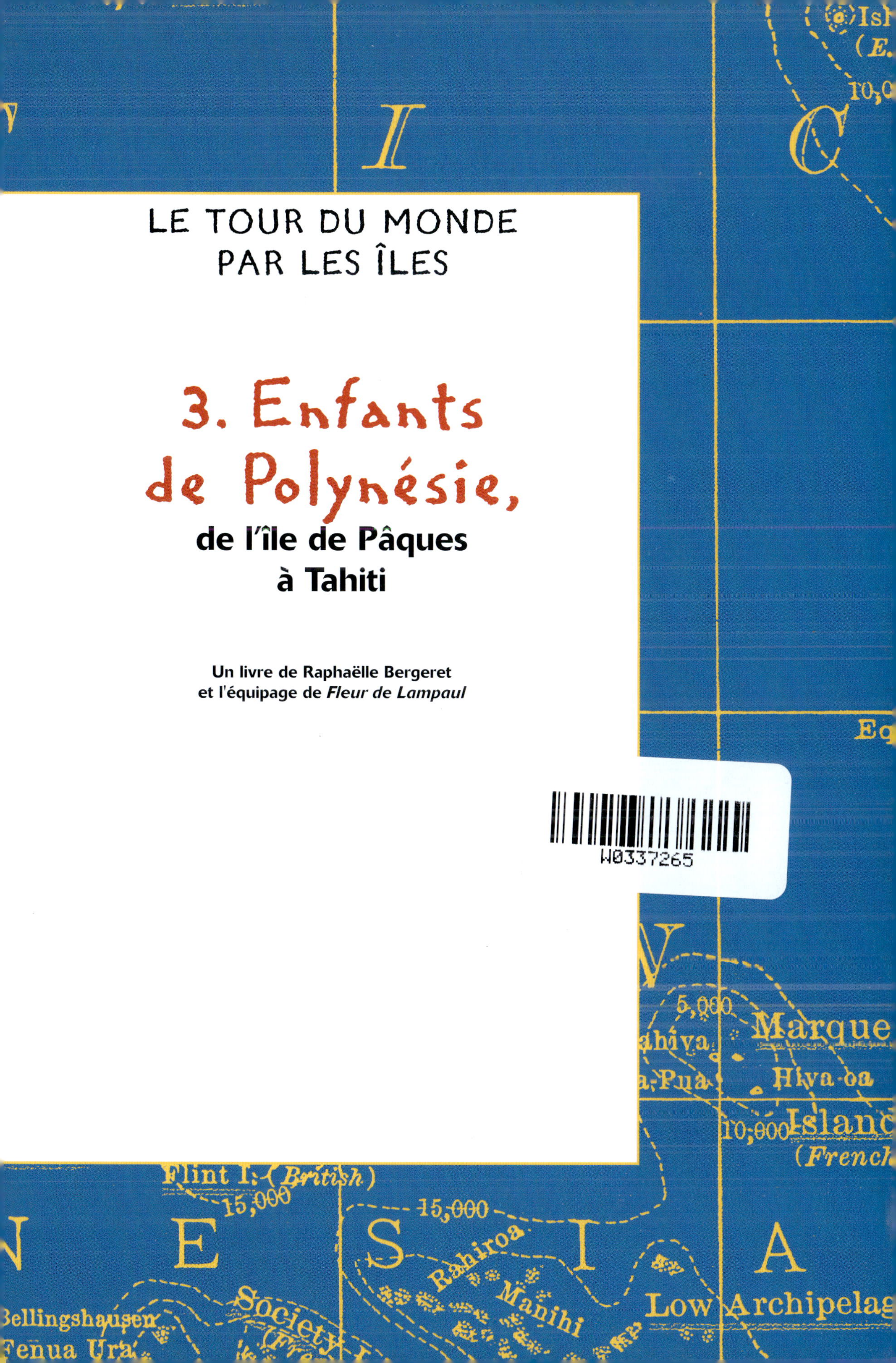

LE TOUR DU MONDE
PAR LES ÎLES

3. Enfants de Polynésie,
de l'île de Pâques à Tahiti

Un livre de Raphaëlle Bergeret
et l'équipage de *Fleur de Lampaul*

Charlie, 41 ans : réalisateur des films de l'expédition, Charlie est aussi celui grâce à qui la *Fleur* navigue depuis treize ans avec des enfants, à la découverte de la nature et des hommes.

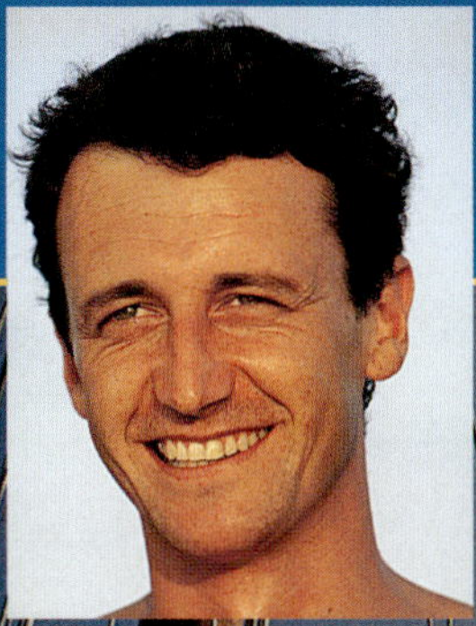

Manu, 31 ans : d'un calme à toute épreuve, Manu, skipper de la *Fleur*, est aussi le spécialiste de l'informatique à bord. Il gère toutes les transmissions par satellite : forums, visio-conférences, liaisons avec les médecins. Il est lui-même notre meilleur infirmier !

Julien, 23 ans : d'une humeur inébranlable, Julien, second du bateau, assiste Manu pour la navigation et s'occupe de l'entretien des machines (moteur, groupe électrogène...). Sa passion ? La photographie.

Ian, 21 ans : embarqué sur la *Fleur* pendant deux années scolaires, il est revenu travailler à bord comme marin. Les voiles, le gréement, c'est son affaire. Toujours une chanson aux lèvres... et l'accordéon à la main !

Tatiana, 32 ans : avec ses deux filles, Lila et Rose, Tatiana vient nous rejoindre à certaines escales. C'est l'occasion, pour les mini marines, de retrouver Charlie, leur papa. Sur la *Fleur*, l'équipage a entre 1 et 41 ans !

Raphaëlle, 23 ans : après une année scolaire sur la *Fleur* et des études d'ethnologie, elle est aujourd'hui l'auteur des livres et des reportages pour Internet, avec le concours de l'équipage et du scientifique de l'expédition.

Philippe, 35 ans : enseignant mis à disposition par le ministère de l'Éducation nationale, de la Recherche et de la Technologie, Philippe est chef d'expédition et cadreur, inséparable de sa caméra... Il est plus particulièrement chargé de la formation pédagogique des p'tits loups de mer.

Jean-Baptiste, 44 ans : responsable scientifique de l'expédition et webmaster du site Internet www.fleurdelampaul.com, il est océanographe, et collabore depuis huit ans avec la *Fleur*. Une mine de savoir et de bonne humeur.

Sommaire

Introduction

1

Sous les étoiles du Pacifique

2

Pâques, l'île du bout du monde

3

Vallées sauvages des Marquises

4

Tuamotu, à fleur d'océan

5

Îles du Vent, Îles sous le Vent

6

Pour aller plus loin...

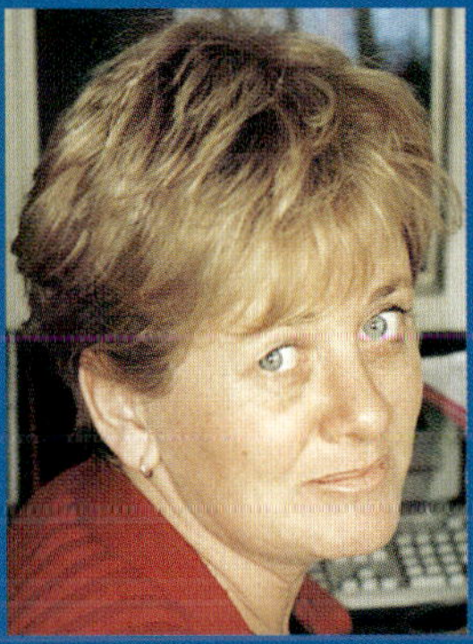

Nathalie

Sophie

Mélanie

A terre, une équipe

Nathalie, Sophie et Mélanie, depuis l'île d'Yeu en Vendée, prennent en charge les relations avec les parents, gèrent tous les aspects pratiques de l'expédition et font le relais entre le bateau et les partenaires du projet. Un travail discret, mais aussi important qu'indispensable !

Le tour du monde

Afrique de l'Ouest

1. Madère et les îles Desertas
2. Graciosa, Lanzarote (Canaries)
3. Agadir, île d'Arguin (Mauritanie)
4. Boavista (Cap-Vert)

Amérique centrale

5. Posoli (Guyane française)
6. Banc d'Argent, Turks
7. Cuba
8. Mulatupo-Sassardi, archipel des San Blas (Panama)

Polynésie

9. Île de Pâques
10. Marquises
11. Tuamotu
12. Îles de la Société

Océanie

13. Nouvelle-Calédonie
14. Vanuatu
15. Australie

Asie

16. Bali-Komodo (Indonésie)
17. Sri-Lanka
18. Inde (Kerala)
19. Maldives, Laquedives

Mer Rouge, Méditerranée

20. Mer Rouge
Égypte (vallée du Nil)
21. Turquie
22. Tunisie

9
Île de Pâques

10
Marquises

par les îles

Pour accomplir son tour du monde par les îles, *Fleur de Lampaul* embarque deux équipages successifs de dix jeunes venus de tous horizons. Ils vivent à bord pendant trois séjours d'une durée moyenne de trois mois. Entre chaque étape, les Jeunes Marins Reporters regagnent en avion leurs familles et retrouvent les bancs de l'école, tandis que *Fleur de Lampaul* navigue vers sa prochaine escale.

Premier équipage

Première étape :
Afrique de l'Ouest,
août - novembre 1998
Deuxième étape :
Amérique centrale,
février - mai 1999
Troisième étape :
Polynésie,
août - octobre 1999

Deuxième équipage

Quatrième étape :
Océanie,
mars - juillet 2000
Cinquième étape :
Asie,
octobre 2000 - janvier 2001
Sixième étape :
mer Rouge, Méditerranée,
mars - juin 2001

11
Tuamotu

12
Îles de la Société

Lisa, 15 ans
Lisa, notre tête blonde irlandaise, est la reine de la boxe à bord. Pas susceptible, elle répond toujours du tac au tac avec un grand sourire. On ne la voit jamais chômer, toujours partout pour aider !

Alexandre, 14 ans : Un regard malicieux et bleu... bleu comme la mer qu'il adore et connaît bien : normal, il vient de l'île d'Yeu ! Même s'il ne fait jamais attention à rien, Alex est toujours là quand il s'agit de plonger, aussi bien que pour manœuvrer ou cuisiner.

«Les enfants de l'an 2000» :

une expédition autour du monde

Qu'il paraît loin, ce 30 août 1998, jour où nous larguions les amarres pour réaliser notre rêve et notre défi le plus fou : accomplir le tour du monde par les îles, à bord de *Fleur de Lampaul* ! Oui, il semble bien loin ce jour- là, aussi loin que l'Europe qui est maintenant de l'autre côté de la planète...
Après avoir navigué le long de la côte ouest-africaine puis en mer des Caraïbes, nous voici enfin dans l'océan Pacifique. L'aventure se poursuit, les découvertes se multiplient.
À travers mers et océans, nous allons d'île en île à la rencontre d'enfants d'autres cultures. Nous partageons leur vie, leurs espoirs, nous leur donnons la parole afin qu'ils nous parlent d'eux, du monde qu'ils habitent et de celui dont ils rêvent.
Nous sommes, tous, les «Enfants de l'an 2000» : le troisième millénaire sera le nôtre. Nous allons hériter de la planète Terre, il nous appartient de préserver sa beauté si fragile. Il faut pour cela apprendre à se connaître, nous, enfants de tous horizons qui sommes avant tout les enfants de l'univers. Nous qui avons la chance de partir, notre mission est de partager nos découvertes avec le plus grand nombre. Jeunes Marins Reporters, ambassadeurs de notre génération, nous racontons notre aventure par les moyens de communication les plus divers, depuis les livres jusqu'au site Internet, en passant par les films.
Pourquoi voyager par les îles ? Parce qu'une île est comme une petite planète, où l'humanité et la nature sont davantage à la portée de notre regard et de notre compréhension.

Icaro, 15 ans
Suisso-Brésilien, Icaro est serviable et généreux, mais aime bien avoir ses moments à lui... Il adore chanter, taquiner les filles, et écrire : il a toujours un crayon sur lui !

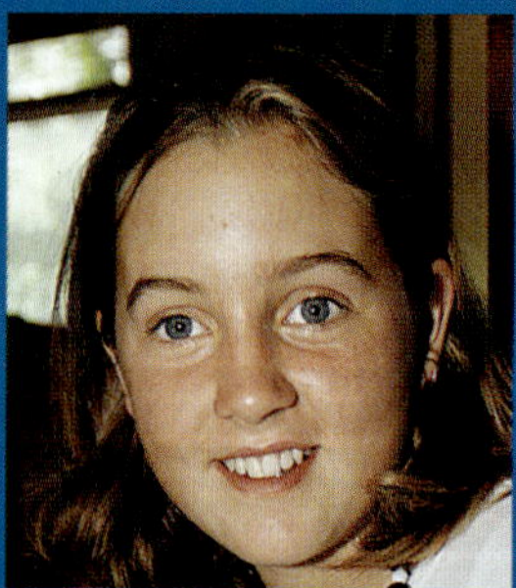

Rianne, 14 ans
Lorsqu'on n'entend pas notre piplette d'Irlandaise, c'est certainement qu'elle lit, boit du thé ou cherche ses affaires... elle est si désordonnée ! Mais surtout, elle est sensible et généreuse. Peut-être réfléchit-elle trop, parfois ?

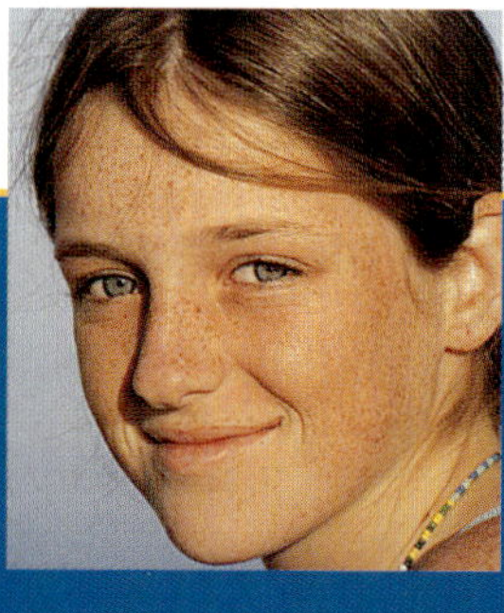

Madeleine, 15 ans : "J'arrive, j'arrive..." Toujours la dernière, Madeleine (dite Mado) aime écrire, danser, dessiner... Sérieuse et drôle en même temps, parfois un peu susceptible, elle est toujours en mouvement !

Pierre, 14 ans : Pierre aime rire, il est toujours joyeux... même quand il faudrait être sérieux ! Il est peu maladroit, mais cela ne l'empêche pas de toujours vouloir aider... surtout au bricolage. Pierre est sensible et très tendre.

C'est là aussi que, bien souvent, les sociétés humaines et la nature ont conservé couleurs et fraîcheur.

Îles oubliées ou bien connues, aux quatre coins de la planète, nos escales sont représentatives des grandes cultures de l'humanité comme de nombreux écosystèmes de la Terre.

Sept adultes nous accompagnent tout au long de l'expédition. Professionnels de la mer, de l'éducation et de la communication, ils nous aident à ouvrir notre regard au monde et nous forment aux techniques de l'écriture, de l'image et du son. Animés d'une énergie et d'une passion communes, nous sommes unis par la poursuite d'un objectif, vital autant pour nous que pour les six milliards d'individus qui peuplent la planète : inventer un développement durable qui permette à chacun de manger à sa faim et de vivre bien, et qui respecte en même temps notre environnement déjà malade.

Nous qui oublions trop souvent de savourer le miracle de la vie sur notre Terre, éclose comme une fleur unique dans le jardin minéral de l'univers, nous voulons recueillir les messages d'avenir des enfants du monde, et inventer ensemble un XXIe siècle à la hauteur de nos rêves.

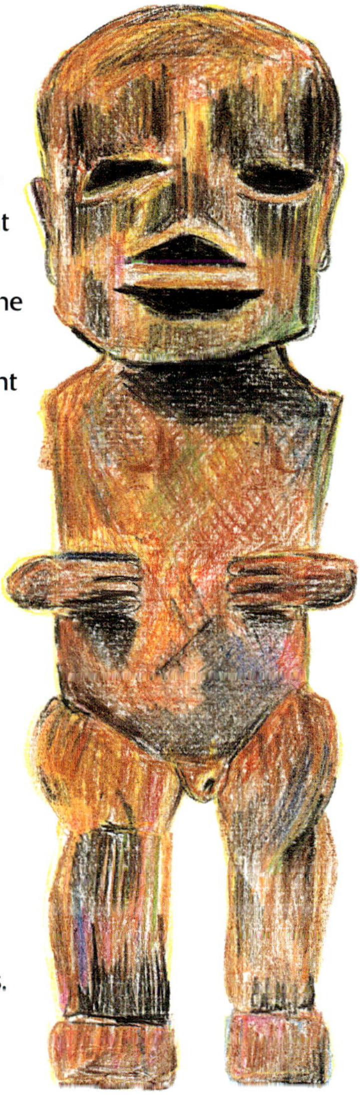

Un tiki, sculpture anthropomorphique des Marquises, dessiné par Rianne.

Renaud, 14 ans : Natif de Ouessant et pas peu fier de l'être, il éprouve pour la mer une vraie passion. C'est aussi un sacré râleur, et un grand amateur de câlins... quand il ne boude pas !

Vera, 16 ans : Très franche, exigeante et dynamique, Vera est notre philosophe du bord ! Allemande, trilingue, Vera voudrait travailler dans les médias. Pour faire bouger le monde.

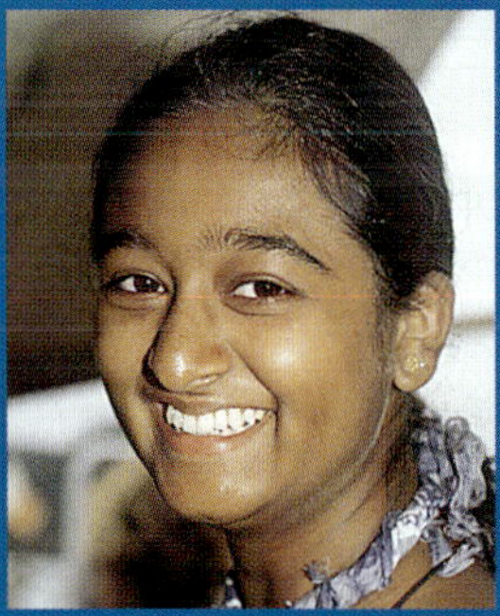

Gouly, 15 ans : Notre Grenobloise d'origine indienne est très, très organisée, voire un peu trop perfectionniste ! Mais c'est toujours elle qui nous aide pour nos textes, et l'on a envie de prendre exemple sur l'attention qu'elle apporte à l'écriture de son journal de bord !

Simon : "Archi-cool...", "Trop bien !" : c'est le vocabulaire principal de notre nouveau membre d'équipage, un Parisien de nationalité américaine. Il est venu à la place d'Ari, qui a préféré rester avec sa famille. Simon, même le café du matin a du mal à le mettre en route ! Mais c'est un précieux confident, très patient et de bon conseil.

Partir à la recherche d'une île des mers du Sud sur le plus vaste océan de la planète, c'est une aventure ! Bien avant les grands navigateurs européens, des peuples venus de l'ouest

la tentèrent, avec pour seuls guides les vents, le soleil et les étoiles. Ils peuplèrent ainsi des centaines d'îles. Leur épopée nous intrigue, et nous tentons de suivre leurs traces...

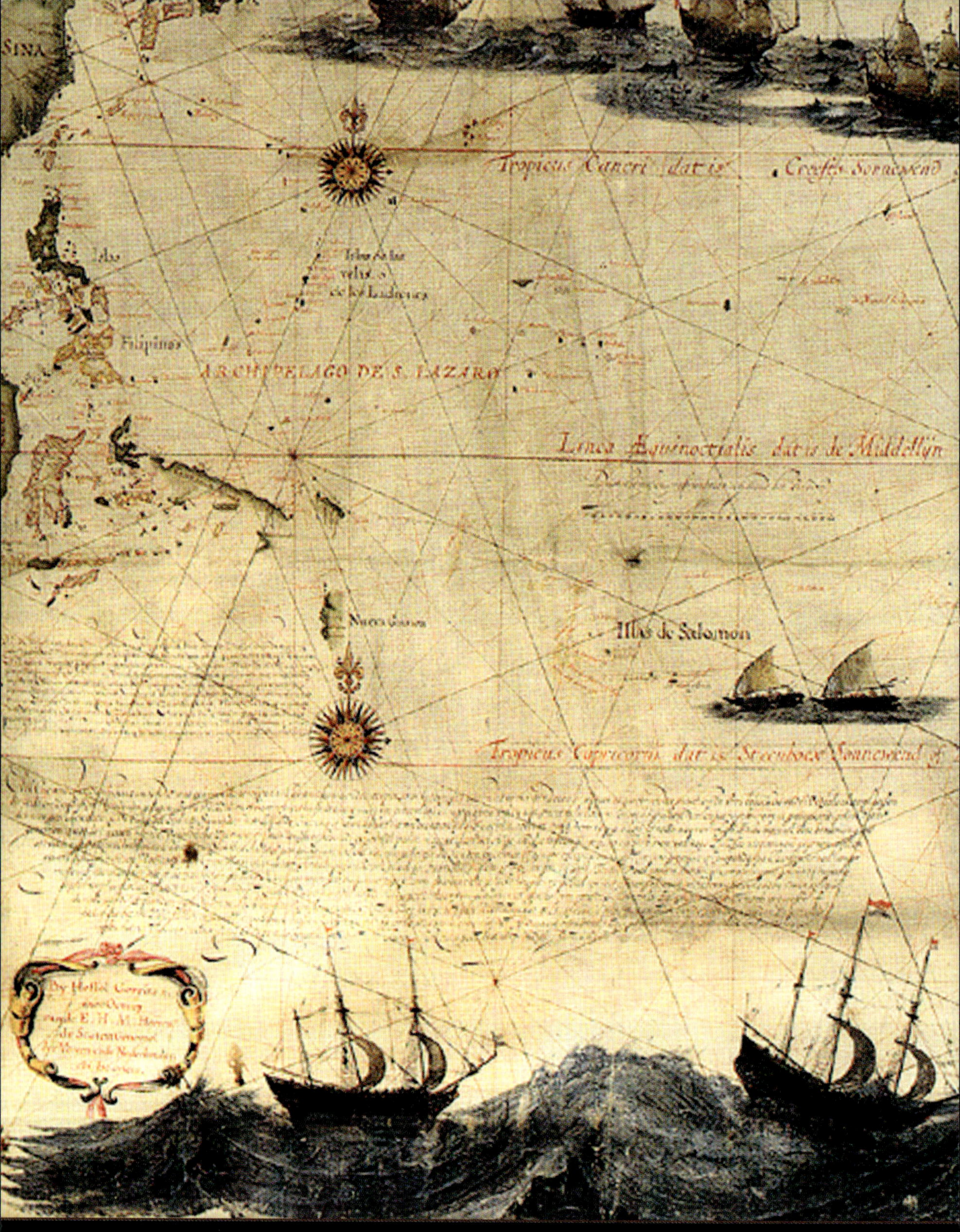

En 1513, Vasco Nunez de Balboa atteint le Pacifique par voie de terre, en traversant l'isthme de Panama. Sept ans plus tard, le 28 novembre 1520, après avoir longé les côtes d'Amérique

du Sud et traversé le détroit entre le continent et la Terre de Feu, Magellan entre dans l'océan Pacifique. Commence alors une longue période d'exploration... et de colonisation !

1

SOUS LES ÉTOILES DU PACIFIQUE

Le canal de Panama est déjà loin derrière nous, et la *Fleur* file joyeusement sur cet océan tout à fait nouveau pour elle. Une gabare bretonne sur les flots du Pacifique, a-t-on jamais vu cela ?

Nous naviguons dans un univers où les terres émergées sont plus rares et éparses que nulle part ailleurs : l'océan Pacifique couvre un tiers du globe terrestre, c'est un véritable désert d'eau salée ! Ici et là, il y a tout juste quelques îles, escales improbables dont la surface totale représente à peine les deux millièmes de l'espace océanique. Cela nous semble un véritable mystère : comment ces îles, à des milliers de kilomètres de tout continent, ont-elles été peuplées ? Par qui ? Pourquoi ? Et à quelle époque ? Autant de questions que nous avons tenté d'éclaircir, tout d'abord en utilisant les méthodes de navigation autrefois employées par les Polynésiens...

L'océan Pacifique

C'est de loin le plus grand océan du monde. À lui seul il représente la moitié du volume de l'eau du globe (707 millions de km^3) et le tiers de sa surface (180 millions de km^2). Il est parsemé de chaînes d'îles d'origine volcanique, résultat des mouvements des fonds océaniques. On y trouve aussi les fosses océaniques les plus profondes du monde, comme la fosse des Mariannes (-10920 m). Bien loin d'être aussi calme que son nom semble l'indiquer, il est presque en permanence parcouru par une forte houle due aux tempêtes qui se produisent au sud, près de l'Antarctique. Les alizés soufflent régulièrement et, de juillet à octobre, il est parcouru dans sa moitié occidentale par de violentes tempêtes tropicales : les typhons.

Les navigations dont nous faisons le récit dans ce chapitre ont eu lieu tout au long des mois que nous avons passés à découvrir quelques-unes des nombreuses îles de Polynésie. Nous avons cependant choisi d'en parler dès le début de ce livre, afin d'offrir le maximum d'informations historiques et géographiques sur le Pacifique dans son ensemble. Nous espérons ainsi fournir les clefs qui permettront de mieux naviguer vers les îles suivantes... et les chapitres qui leur sont consacrés !

Naviguer sur

«Regarde, la houle arrive sur bâbord, vers l'avant. Tu maintiens bien la Fleur comme cela, pour que la houle arrive toujours du même bord, au même endroit. D'accord ?» Manu explique à Pierre comment barrer sans compas : c'est un des principes essentiels utilisés par les marins polynésiens d'autrefois, quand ils voyageaient d'île en île à travers le Pacifique sans le moindre instrument de navigation. Leur meilleur indicateur était la houle du large, ample et régulière, distincte des vagues soulevées par le vent. Le soleil aussi pouvait leur servir de point de repère, mais seulement à son lever et son coucher. Nous savons également qu'ils se repéraient

grâce aux étoiles, au vent, aux oiseaux... Ceci permet d'éclaircir un peu le mystère des grandes traversées accomplies par les Polynésiens. N'empêche : on a beau comprendre comment ils faisaient, leur savoir reste digne d'admiration. Nous, à bord de la *Fleur*, nous sommes forcés de reconnaître qu'une

Une nouvelle aventure

Nous avons tenté de réaliser une navigation à la manière polynésienne traditionnelle. Avant de partir, un groupe s'est documenté et a fait un exposé à tout l'équipage. Puis nous nous sommes lancés dans l'aventure. Nous avons donc éteint le compas ainsi que tous les appareils de navigation. Naviguer ainsi c'est excitant, car cela nous apprend à observer autour de nous et à comprendre les milieux naturels.

Pierre

Depuis 1970, des pirogues sont construites selon les anciennes techniques. Elles effectuent à travers tout le Pacifique des navigations qui permettent de mieux comprendre l'histoire du peuplement du Pacifique.

Embarcations traditionnelles

Les anciens Polynésiens naviguaient avec leur connaissance de l'univers. Quand ils construisaient leurs bateaux, ils coupaient des cocotiers pour en faire des planches et formaient deux coques en V. Ces grandes pirogues étaient comme des maisons sur l'eau. Quand ils partaient, ils embarquaient des vivres : des animaux vivants, des fruits, des noix de coco pour boire l'eau de coco. Ils avaient même un système pour faire un four à bord !

Renaud

le grand océan

navigation traditionnelle polynésienne, c'est loin d'être facile. Preuve en est que lorsque nous avons essayé, nous ne sommes pas arrivés sur l'île prévue, mais sur l'île voisine !
Quoi qu'il en soit, les navires à bord desquels ils effectuaient leurs traversées n'avaient rien à envier à un bateau comme *Fleur de Lampaul*. C'étaient de grandes pirogues à double coque, les «pahi», qui pouvaient atteindre trente mètres de long et transporter trente à cent personnes. Leur construction obéissait à un rituel sacré. Le travail était dirigé par des prêtres, et son achèvement exigeait un sacrifice... humain. Sous un immense hangar construit à cet effet, les hommes travaillaient «à l'œil», sans aucun instrument de mesure, et sans autres outils que l'herminette (en obsidienne ou en coquillage) et la râpe en peau de requin ! Les planches de bordé, percées de trous sur leur pourtour et «cousues» entre elles par des cordelettes en fibres de noix de coco, n'assuraient jamais parfaitement l'étanchéité de la pirogue. Ils connaissaient pourtant le calfatage, qu'ils réalisaient avec de la bourre de coco mélangée à la sève de l'arbre à pain. Mais en mer, il fallait toujours deux ou trois hommes dont la seule fonction était d'écoper ! Entre les deux mâts, gréés de voiles en feuilles de pandanus tressées, un pont reliait les deux coques. Par-dessus, un abri protégeait les provisions, le four et surtout les femmes et les enfants : c'était en famille que l'on embarquait sur les pirogues polynésiennes, véritables navires de voyage qui furent l'instrument essentiel de civilisation du Pacifique.

Mais voilà que la nuit arrive. Ian, à l'arrière, s'est mis à jouer de l'accordéon.
Et maintenant, comment fait-on, capitaine ?

Les cordages étaient fabriqués avec de la bourre de noix de coco et servaient à bord à de multiples usages.

En raison de l'étanchéité relative des embarcations, l'écope s'avérait être un instrument indispensable.

Pour les longues traversées, on emportait diverses nourritures séchées, comme des bananes.

Il était temps !

Le savoir des anciens Polynésiens a failli disparaître. Dans les années 60, quand les chercheurs travaillant sur le peuplement du Pacifique se sont intéressés aux méthodes traditionnelles de navigation, plus personne ne les connaissait, en Polynésie française. Heureusement, quelques très vieux marins, en Mélanésie, ont pu les transmettre aux scientifiques. Aujourd'hui, à Hawaï, une école propose l'enseignement de ces méthodes.

Piliers du ciel

Comment les navigateurs pouvaient-ils savoir qu'ils étaient à la même «hauteur», à la même latitude que l'île recherchée? Grâce aux «piliers du ciel». Voilà encore une image qui cache bien des mystères ! Les Polynésiens connaissaient l'étoile zénithale de chaque île, c'est-à-dire l'étoile qui, à son zénith, est exactement au-dessus de l'île : c'est ce qu'ils appelaient les «piliers du ciel». Comme chaque île ou groupe d'îles avait son étoile correspondante, les étoiles dans le ciel formaient comme une «carte renversée» des îles sur l'océan. Les étoiles se lèvent à l'est et se couchent à l'ouest. Donc si telle étoile, à son zénith, était exactement au-dessus de leur pirogue, c'est qu'ils étaient à l'est ou à l'ouest de l'île correspondante... Élémentaire, non ? Et tout cela, sans un seul instrument de mesure ni de navigation ! Il y a de quoi être admiratif...

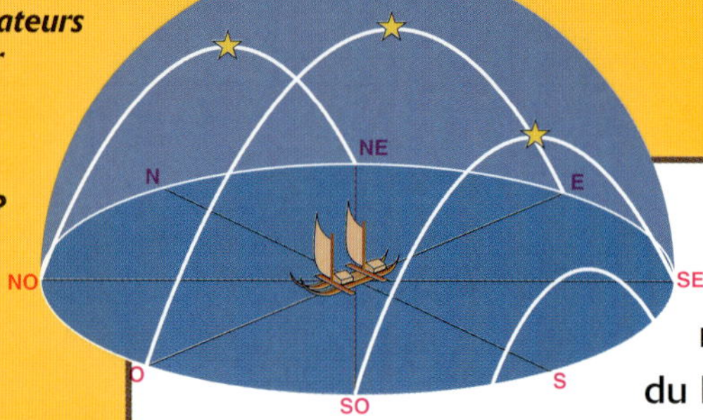

Sur un

Dans la timonerie, Mado et Lisa, penchées sur le livre de Julien, regardent les constellations du Pacifique Sud pour essayer de construire notre chemin d'étoiles. Il leur faut trouver, d'après la direction où nous devons aller, toutes les étoiles sur lesquelles nous devrons successivement mettre le cap cette nuit. Ce n'est pas une mince affaire ! Lorsque la nuit sera complète, et qu'une étoile se lèvera juste en face de l'étrave du bateau, dans la direction que nous avons suivie pendant le jour, nous mettrons le cap dessus. Au bout d'environ deux heures, lorsque cette «étoile repère» sera montée trop haut dans le ciel, nous changerons d'étoile : nous prendrons celle qui se lèvera sur l'horizon, à peu près au même endroit que la précédente... Et ainsi de suite pendant toute la nuit ! Un chemin d'étoiles... Vous devez vous demander si c'est vraiment sérieux ? Eh bien oui, cela fonctionne, et même plutôt bien ! Heureusement, nous disposions d'un livre pour nous guider... Mais les Polynésiens d'autrefois, qui ont inventé cette méthode de navigation, n'avaient que leur sens de l'observation et leur mémoire pour découvrir et utiliser le principe du chemin d'étoiles... Grâce aux étoiles, la navigation nocturne était plus précise que la navigation diurne. Si le principe est simple, la pratique demandait des années et des années d'un apprentissage qui débutait souvent vers sept ou huit ans.

Ce savoir, commun à tous les peuple du Pacifique, était l'apanage d'une élite qui se le transmettait de génération en génération. Il fallait suivre une initiation et entraîner sa mémoire par des heures et des heures de récitation. À bord d'un «pahi», l'homme qui connaissait les étoiles avait pour unique fonction de mémoriser le chemin parcouru et de trouver la route à suivre.

Direction de la houle.

Le mouvement de la houle est modifié par la présence d'une île.

Au cours de notre voyage, le ciel nocturne nous réserve bien des surprises. C'est d'abord la lune en croissant, dont les pointes, à l'approche de l'Équateur, sont tournées vers le haut ou vers le bas et non sur le côté. Quant aux étoiles, on repère bien quelques constellations familières, comme Orion, mais d'autres nous sont encore inconnues. Nous avons pu identifier la fameuse «croix du sud», quatre étoiles disposées... en croix ! Un autre objet céleste fascinant est le grand nuage de Magellan, une galaxie voisine de la nôtre, dans laquelle on peut observer une centaine d'étoiles avec une simple paire de jumelles.

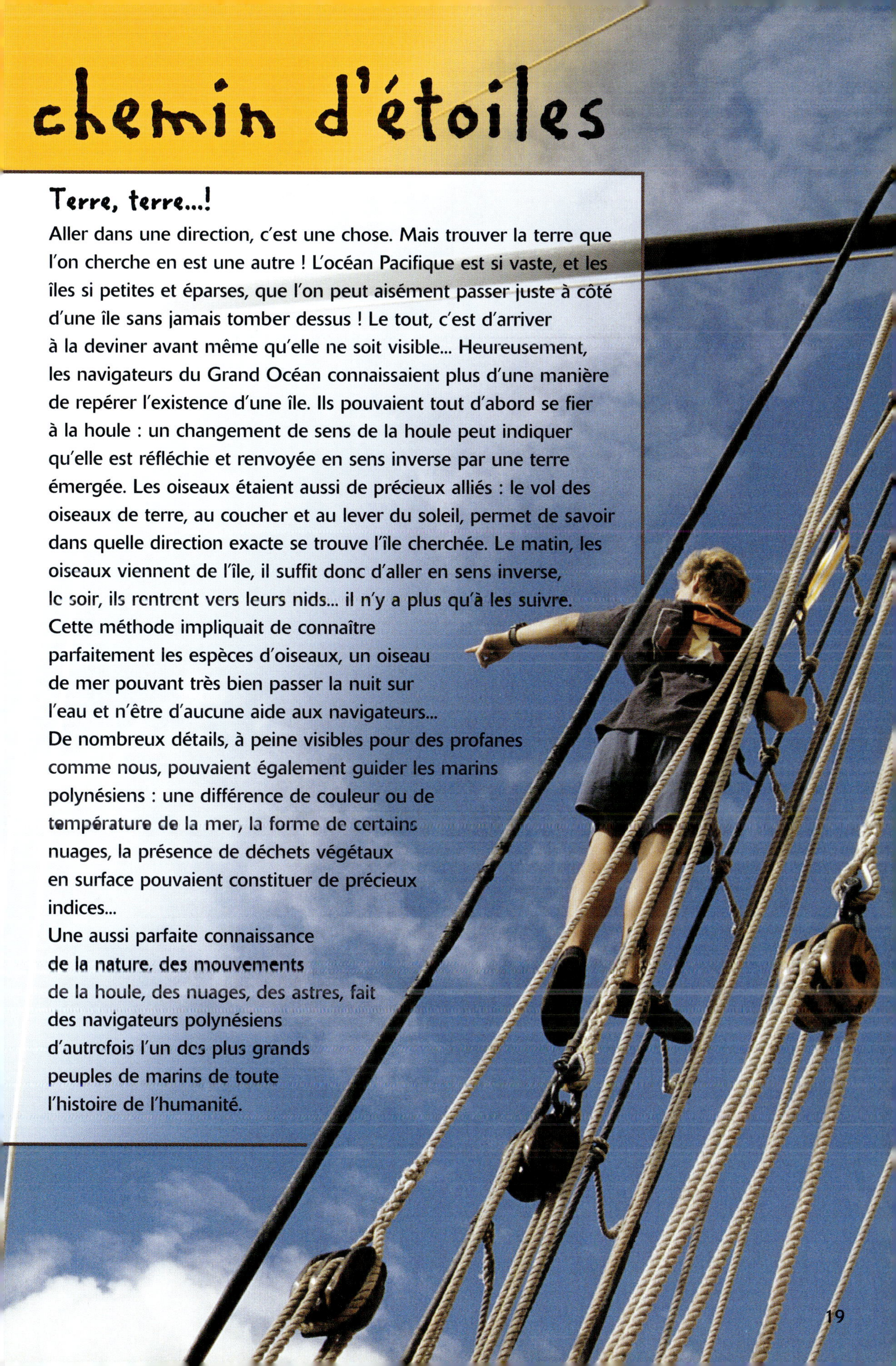

chemin d'étoiles

Terre, terre...!

Aller dans une direction, c'est une chose. Mais trouver la terre que l'on cherche en est une autre ! L'océan Pacifique est si vaste, et les îles si petites et éparses, que l'on peut aisément passer juste à côté d'une île sans jamais tomber dessus ! Le tout, c'est d'arriver à la deviner avant même qu'elle ne soit visible... Heureusement, les navigateurs du Grand Océan connaissaient plus d'une manière de repérer l'existence d'une île. Ils pouvaient tout d'abord se fier à la houle : un changement de sens de la houle peut indiquer qu'elle est réfléchie et renvoyée en sens inverse par une terre émergée. Les oiseaux étaient aussi de précieux alliés : le vol des oiseaux de terre, au coucher et au lever du soleil, permet de savoir dans quelle direction exacte se trouve l'île cherchée. Le matin, les oiseaux viennent de l'île, il suffit donc d'aller en sens inverse, le soir, ils rentrent vers leurs nids... il n'y a plus qu'à les suivre. Cette méthode impliquait de connaître parfaitement les espèces d'oiseaux, un oiseau de mer pouvant très bien passer la nuit sur l'eau et n'être d'aucune aide aux navigateurs... De nombreux détails, à peine visibles pour des profanes comme nous, pouvaient également guider les marins polynésiens : une différence de couleur ou de température de la mer, la forme de certains nuages, la présence de déchets végétaux en surface pouvaient constituer de précieux indices...
Une aussi parfaite connaissance de la nature, des mouvements de la houle, des nuages, des astres, fait des navigateurs polynésiens d'autrefois l'un des plus grands peuples de marins de toute l'histoire de l'humanité.

Le triangle

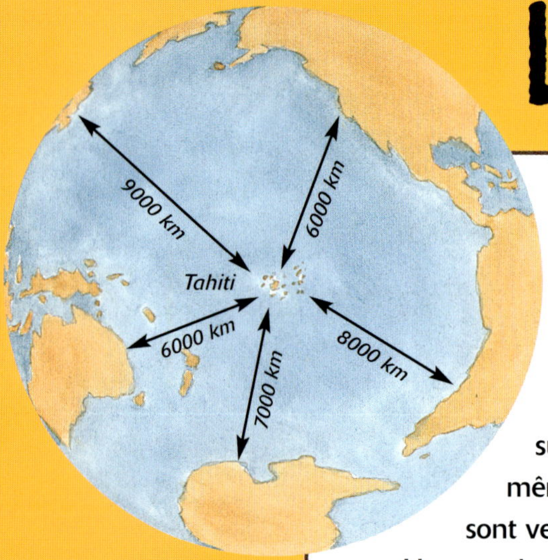

Assis autour du coffre du carré, nous nous penchons sur la carte du Pacifique, essayant de nous familiariser avec les noms de ses nombreux archipels. Nous ne voyons que des poussières d'îles, essaimées sur un espace démesuré. Il y en a qui sont si loin de tout, comme égarées à la surface de la Terre : l'île de Pâques, Hawaï... Pourtant, même sur ces îles du bout du monde, les hommes sont venus. Sur leurs pirogues. Avec le vent et les étoiles.

Un peu plus tard, nous feuilletons un guide linguistique, pour apprendre quelques mots. Surprise ! «Bonjour», «merci» se disent de la même manière, ou presque, à Tahiti, Nuku Hiva, Rapa Nui : «Ia Orana», «maururu»... Voilà de quoi aiguiser notre curiosité. Heureusement, la bibliothèque de la *Fleur* est là, avec ses quelques centaines de livres. Nous apprenons d'abord que les navigateurs occidentaux, quand ils commencèrent au XVIe siècle à explorer le «Grand Océan» (c'est ainsi qu'ils l'appelèrent), furent frappés par les ressemblances entre les populations des îles : d'un bout à l'autre du Pacifique, les autochtones avaient la même apparence

Le KonTiki

Les controverses les plus passionnées ont longtemps opposé les scientifiques au sujet du peuplement du Triangle polynésien. Une hypothèse, dont Thor Heyerdhal, un chercheur norvégien, s'est fait le principal artisan et défenseur, explique le peuplement de l'île de Pâques et de l'Est polynésien par des migrations venues d'Amérique du Sud : les Pascuans et les autres habitants du Triangle descendraient des Incas. Pour prouver son hypothèse, Thor Heyerdhal a monté une expédition, devenue célèbre, à bord d'un radeau comme le Pacifique n'en avait jamais vu : le* Kon Tiki. *Son équipage, parti le 28 avril 1947 de Callao, au Pérou, a abordé Raroia, dans les Tuamotu, le 7 août de la même année. Aujourd'hui, cette théorie est définitivement abandonnée.

Peuplement du Triangle polynésien

Les îles de Polynésie comptent parmi les dernières terres au monde à avoir été peuplées par l'homme. Il y a eu beaucoup de théories, pas toujours réalistes, pour expliquer comment elles ont été habitées. Un énorme continent aurait disparu sous l'eau, et l'Homme serait resté échoué sur les sommets des montagnes, ou bien il aurait toujours été là... Mais le plus probable, c'est qu'il est venu d'Asie du Sud-Est, en un immense voyage qui aurait commencé il y a près 30 000 ans. Les Polynésiens avaient vraiment «compris» l'océan Pacifique !

Rianne

polynésien

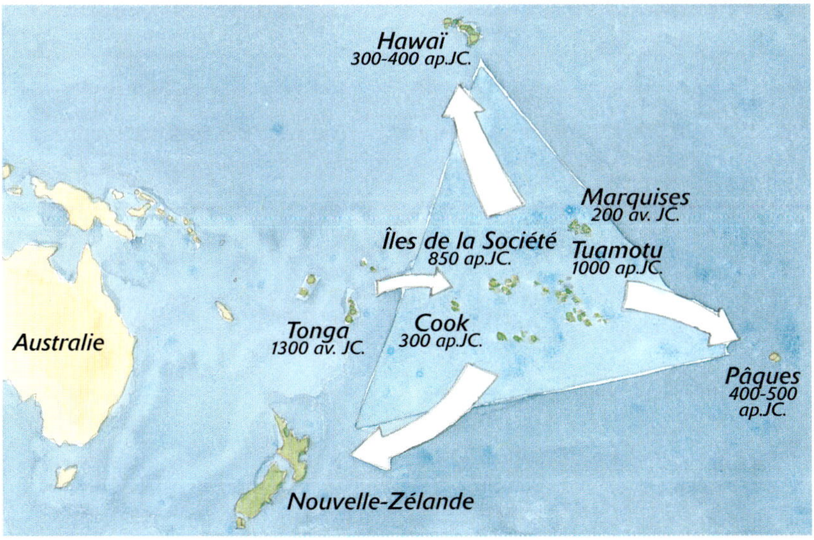

physique, portaient tous des tatouages, possédaient des coutumes et des croyances similaires... Ils avaient bien sûr développé, dans chaque archipel, des particularismes locaux dus à l'isolement. Mais ils avaient en commun trop de choses pour qu'il s'agisse d'un simple hasard. Comment expliquer cela ? Les dernières recherches semblent s'accorder pour dire que les peuples du Pacifique appartiennent à la même aire, au même ensemble culturel et linguistique. Toutes les îles du Pacifique ont certainement été peuplées par d'étonnants navigateurs, venus il y a fort longtemps du Sud-Est asiatique. Ce peuple présente une étonnante unité culturelle. De la Nouvelle-Zélande à Hawaï et jusqu'à l'île de Pâques, il a conquis une immense surface que l'on appelle le Triangle polynésien. Toutes les îles que nous allons visiter appartiennent à ce Triangle.

Les langues polynésiennes sont très ressemblantes. Cette base linguistique commune valide l'idée d'un rattachement de l'ensemble des peuples du Pacifique Est au Triangle polynésien.
En ce qui concerne les plantes cultivées, comme le taro et l'igname par exemple, elles ne peuvent provenir que d'Asie. Mais la patate douce, qui provient d'Amérique du Sud, reste un mystère : comment est-elle parvenue jusqu'en Polynésie ?
Il n'y a qu'une exlication plausible : les Polynésiens, après avoir peuplé les îles, auraient continué à naviguer vers l'est et auraient abordé le continent sud-américain. Il en seraient ensuite revenus, rapportant avec eux le fameux tubercule.

Pourquoi ces migrations ?

L'explication la plus fréquente est que, lorsque des guerres opposaient deux clans rivaux sur une île, les vaincus avaient deux solutions. Soit ils étaient réduits en esclavage par les vainqueurs, destinés à être sacrifiés, voire mangés, soit ils embarquaient sur leurs pirogues et s'enfuyaient, en espérant trouver bientôt une île où s'établir. La pression démographique, ou des changements climatiques rendant la vie difficile sur l'île d'origine, peuvent également être à l'origine de ces immenses mouvements migratoires.

Au cœur de

Ma bannette

Ma bannette, c'est mon petit chez-moi : un lit, des étagères et... des fuites ! Le matelas est souvent humide ! Sous ma couchette il y a un coffre où s'entassent des boîtes de conserve. Au-dessus, j'ai accroché des photos de ma famille, des colliers de graines et de fleurs séchées : à chaque escale, de nouveaux souvenirs s'ajoutent au décor.

Gouly

Nous ne traversons pas le Pacifique sur une pirogue double, mais à bord d'un ancien caboteur breton. Que cachent donc les épaisses bordées de chêne de la *Fleur*, derrière leur peinture bleue et noire ? Qu'y a-t-il à l'avant ? À l'arrière ? Et derrière les hublots de la timonerie ? Et sous les claires-voies du carré ? Autant d'énigmes, pour qui n'est jamais monté à bord... Nous avons donc décidé de vous proposer une petite visite guidée de notre bateau, histoire de ne pas partager avec

La cuisine

«Tu pompes, please ?» Avec mon pied, j'appuie régulièrement sur la pédale qui nous permet de pomper l'eau de mer pour faire la vaisselle. Il n'y a pas deux cuisines telles que la nôtre ! Quant à l'expression «Too many cooks spoil the broth» (trop de cuisiniers font rater le plat), elle nous convient parfaitement, car il y a toujours 5 ou 6 personnes qui rôdent pendant la préparation des repas. Nous sommes souvent en train de remplir les placards de conserves venant d'endroits divers du bateau. Il manque toujours des couverts ou des verres, et quand on cuisine il faut en faire en plus... pour Stoupan. La forme des gâteaux mis au four dépend du roulis. Les phrases «Vite, une épooonge !» ou «Qui nettoie la gazinière?» sont ancrées pour toujours dans mon esprit ! Rianne

Les toilettes

Matin et soir, le petit coin est toujours bondé. Il ne fait qu'un mètre de large sur deux de long ! On s'y lave les dents au-dessus du minuscule lavabo, on s'y coiffe, on s'y fait les biceps aussi, quand il faut pomper pour évacuer le contenu de la cuvette des w.c. ! Comme il faut aller vite, on s'y retrouve souvent à trois ou quatre, ce qui donne lieu à des concours de brosses à dents, des grimaces devant la glace ou même des

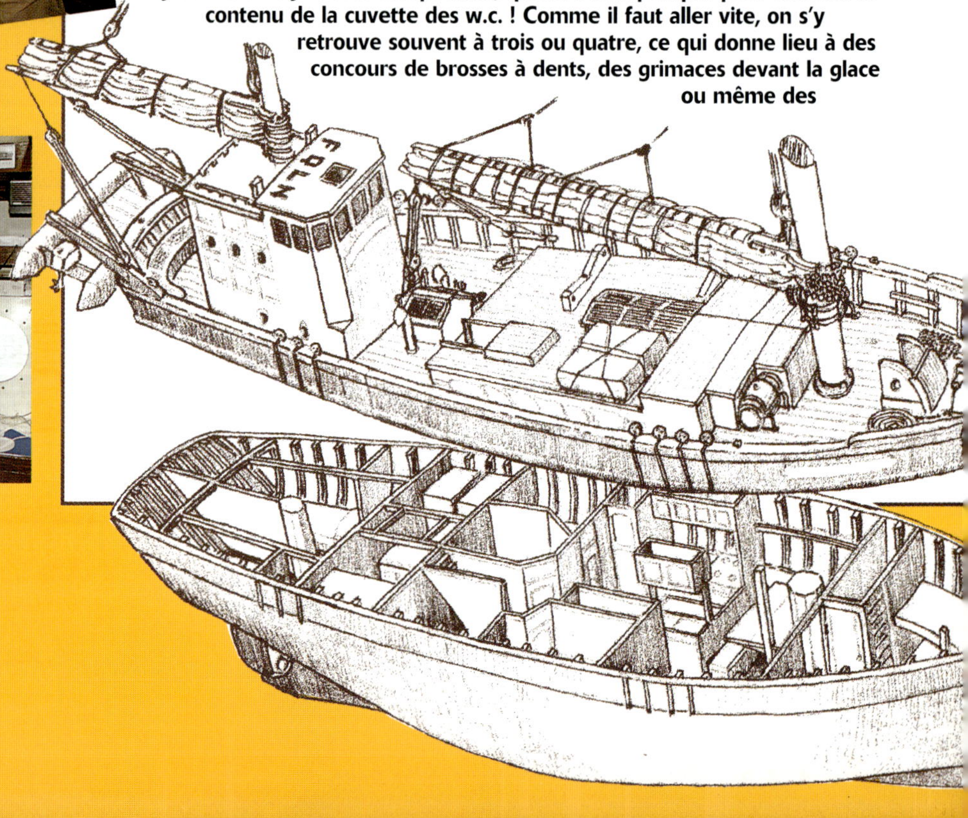

la carène

vous nos seules aventures autour du monde, mais aussi un peu de notre intimité. Ne laissez pas vos chaussures sur le pont avant de descendre, Stoupan en ferait son égal : c'est un grand spécialiste des lanières en cuir autant que des semelles en plastique... Attention à votre tête, le capot de la descente n'est pas loin ! Bon, nous y voilà... Bonne visite !

Les cabines des adultes

Presque aussi mystérieuses que le poste-arrière, les cabines des adultes sont des lieux privés dans lesquels on ne pénètre que sur dérogation spéciale, après réunion du conseil des sages... Bon, d'accord, on exagère. Mais quand même, on n'entre pas comme on veut dans ces petites cabines pleines des bouquins et des trésors de chacun. Un rideau en guise de porte, un hublot pour toute fenêtre, voilà le jardin secret des adultes... on peut bien leur laisser ça !

batailles d'eau ! L'inconvénient de ces toilettes c'est qu'elles sont loin d'être, comme de coutume, un endroit intime ! Madeleine

Le poste-avant

Deux banettes superposées à babord, deux autres à tribord, une échelle qui débouche sur une claire-voie : voilà le poste-avant ! C'est la plus grande cabine du bateau, où dorment successivement les filles et les garçons, tous les trois mois. Mais dans la journée, c'est un peu le repère de tous les jeunes, leur coin à eux, l'endroit où ils font les fameuses «réunions poste-avant» au cours desquelles ils sont censés se dire leurs quatre vérités... On peut aussi y trouver quelques merveilles, rares et soigneusement cachées, comme un pot de Nutella ou un paquet de Dragibus. Le plus gros problème du poste-avant, c'est qu'il n'est jamais rangé correctement.

Le cœur de la *Fleur*

La salle des machines, c'est le cœur du bateau. En navigation le Baudouin, notre moteur, avec son rythme lent et régulier, fait vibrer et avancer la *Fleur*... quand le vent fait défaut. Mais au mouillage, le ronflement qui s'échappe des claires-voies est celui du groupe électrogène. Le groupe électrogène c'est un peu mon petit frère, je lui parle tout le temps, je m'occupe de lui, le démonte, le remonte, le vidange, le nettoie, il est très important. C'est lui qui fournit l'électricité dont nous avons tant besoin : il nous permet de recharger les batteries des caméras, d'utiliser le banc de montage, de faire fonctionner le déssalinisateur et grâce à lui, on peut aussi mettre en marche notre réfrigérateur... ou l'antenne satellite. La salle des machines, c'est notre lieu privé à Manu et moi, mais il n'est pas rare qu'un ou deux mousses viennent nous donner un coup de main pour réparer une pompe de cale, ranger les outils ou vidanger un moteur ! Julien

Le carré

**«Tu peux te déplacer s'il-te-plaît ?», «Lève tes pieds! Mais pousse-toi un peu...»
Ah la la ! Quelle galère de passer l'aspirateur dans le carré, il y a toujours plein de monde. Le carré, c'est le centre de la vie du bord, le lieu commun, notre salle à manger autant que notre bureau, notre bibliothèque ou notre chambre. Là, on mange, on lit, on écrit, on travaille, on discute, on se repose, on dort...
Sans carré, pas de vrai bateau !** Gouly

La timonerie

La timonerie, c'est une petite pièce coupée en deux : d'un côté, la barre, de l'autre, la table à carte, le matériel informatique et de nombreux instruments de navigation. Le jour, en mer, c'est toujours plein de monde, et l'on y apprend toutes les histoires de la *Fleur*. Le soir, c'est plutôt le repaire des adultes. Nous, on a le poste-avant... Simon

Hautains, fiers, muets et pourtant pleins d'une étrange présence, ainsi sont les *moai* de Rapa Nui. Le mystère de leur construction et de leur transport n'est pas encore complètement élucidé.

L'île de Pâques compte près de mille statues. Beaucoup sont à terre, étendues face contre le sol, mais certaines ont été redressées, retrouvant ainsi leur dignité originelle.

Lyn, luttant pour que vive la culture de son peuple, nous a menés à une grotte avec quelques amis. Là, après s'être lui-même peint le corps avec des terres rouges et blanches

délayées dans de l'eau, il peint sur Vera des motifs traditionnels. Couronnée d'une coiffe de plumes, elle sera bientôt parée pour écouter leurs chants et assister à leurs danses.

Le peuple pascuan, isolé du reste du monde pendant des siècles, avait inventé une écriture unique au monde : le Rongo Rongo. Les Occidentaux ne la remarquèrent que plus d'un siècle après leur arrivée, en 1868, lorsque la signification en avait déjà été perdue.

2

PÂQUES, L'ÎLE DU BOUT DU MONDE

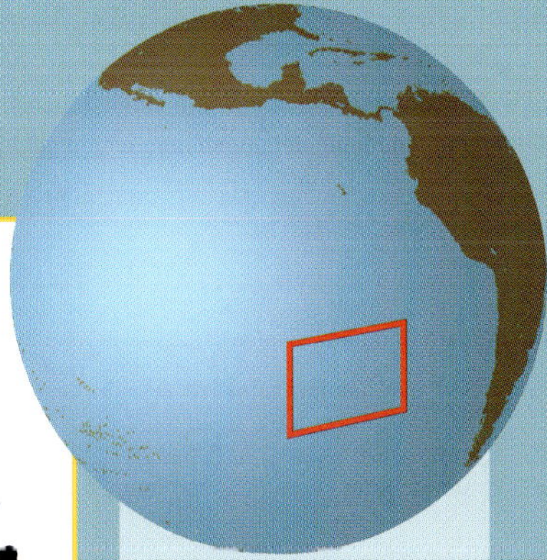

L'île de Pâques ! Nous sommes arrivés sur l'île de Pâques. Nous avons du mal à en croire nos yeux. Rapa Nui, c'est l'île du bout du monde, la terre habitée la plus isolée de toute la planète !

À des milliers de kilomètres à la ronde, il n'y a rien d'autre que l'horizon sans fin : la côte sud-américaine est à 3500 km, Tahiti à 4000 km. Rapa Nui, jaillie du fin fond de la mer, appartient au Chili. Avec Clahudya et Margaret, deux Pascuanes de treize ans, nous découvrons Rapa Nui, entre passé et présent. Ici la jeunesse, soucieuse de faire revivre la culture de ses ancêtres, est cependant résolument moderne, branchée sur Internet et la mode internationale ! Dans cette île que le tourisme tire peu à peu de son isolement, quel avenir pour des jeunes souvent désœuvrés, parfois menacés par l'alcool et la drogue ? Récit d'une étonnante escale en plein Pacifique Sud.

Composantes naturelles

Climat sub-tropical à deux saisons.
164 km².
Falaises abruptes sur le pourtour. Point culminant : 506 m.

Population

3200 habitants.
Populations : Pascuans, Chiliens.
Langues parlées : espagnol, rapa nui.

Économie

Monnaie : peso chilien
Dépend entièrement du tourisme et des subventions de l'État chilien. Économie familiale (agriculture et petit élevage).

Histoire

Peuplement entre 350 et 500 ap. J.-C.
Abordée en 1772, par le Hollandais Roggeveen.
A successivement été occupée ou visitée par les Espagnols, les Anglais, les Français, les Russes avant d'être annexée par le Chili, en 1888.

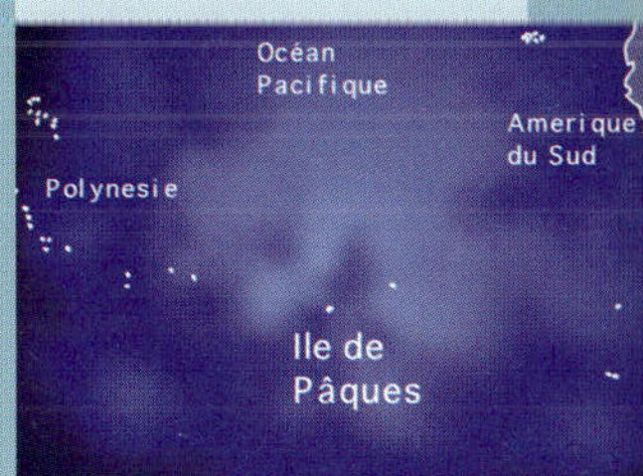

Rencontrer les enfants de l'île de Pâques, marcher au pied des statues géantes, voilà un rêve que nous caressons depuis longtemps. Mais comment faire ? C'est si loin dans le sud que la route serait très longue pour y parvenir. Sans compter qu'il serait impossible d'y trouver un mouillage sûr pour la *Fleur*. Nous avons donc décidé d'y aller en avion, avec une équipe réduite : Lisa, Vera, Charlie et Raphaëlle. Cette petite escapade nous permet de nous rendre dans l'une des îles les plus fascinantes du monde…

À cheval sur

L'île de Pâques, Rapa Nui («La Grande Rapa») ou Te Pito O te Henua («Le Nombril du Monde»), est un département chilien de la province de Valparaiso.

«Easter Island»

En sortant de l'avion, je n'arrive pas à croire que je suis ici. L'île de Pâques... Impossible ! Et pourtant... devant moi, dans l'aéroport, des gens vendent des *moai* miniatures, des cartes postales de «Rapa Nui», encore appelée «Easter Island». Je dois bien me rendre à l'évidence : I am on Easter Island !

Lisa

Nos amies Rapa Nui...

Dès le premier jour, nous avons rencontré Margaret et Clahudya. Je me suis vite rendu compte combien leurs personnalités sont différentes. Margaret est indépendante, elle fait ce qu'elle veut. Elle déteste le travail et l'école, mais adore voir ses amis, sortir tard le soir. Ce qu'elle préfère, c'est encore son cheval, qu'elle monte depuis l'âge de quatre ans ! Clahudya est plus calme, bonne élève. Elle connaît bien l'histoire de son île, et s'intéresse à Internet. Elles m'ont posé beaucoup de questions sur ma vie, mon pays, mes amis... Entre nous, j'ai senti un vrai échange.

Lisa

Nous installons nos bagages dans une petite pension familiale, et partons à la découverte d'Hanga Roa, le seul village de l'île. Deux rues principales se croisent à angle droit, un petit port abrite des barques, et les maisons, en bois peint ou en préfabriqué, s'entourent de petits jardins fleuris. Dans les épiceries, les denrées sont chères : l'île de Pâques n'est ravitaillée que tous les trois mois par un cargo venu du Chili, lequel débarque les provisions en chaloupe, puisque la côte est inabordable. Il y a aussi de nombreuses boutiques destinées aux touristes, peu nombreux pour l'instant : nous sommes en plein hiver austral, et le temps est couvert. Nous prenons d'abord contact avec les notables de l'île : le maire, le directeur du parc naturel, et le directeur de l'école, bien sûr. Lisa et Vera sont invitées à venir en cours, lundi à 8 heures. Notre première journée s'achève bientôt quand, au bord de la route, nous croisons un groupe d'adolescentes. L'une d'elles est à cheval. Nous les saluons et échangeons nos noms. Margaret, la cavalière, sort de son sac trois livres sur l'île de Pâques : elle est passionnée par l'histoire de son île. Son rêve ? Parvenir à déchiffrer l'écriture Rongo Rongo, inventée par ses ancêtres et dont l'exacte signification reste inconnue.

le Rano Kau

Clahudya, qui fait partie du groupe, nous propose d'aller, demain, sur le volcan Rano Kau. «À cheval !», ajoute Margaret. C'est entendu, nous irons. Sur ces propos, tenus en espagnol, Margaret remonte sur son cheval, sans selle ni harnais, et part au trot. Elle a l'air sacrément indépendante !

Le lendemain, nous voilà donc en route : six chevaux, neuf cavaliers ! Margaret, à cru comme toujours, prend Lisa derrière elle. Au loin, on peut voir des bandes de chevaux errer librement sur des terres sans clôture. Bientôt nous arrivons sur la lèvre du volcan. Le cratère aux pentes vertigineuses offre un paysage à couper le souffle.
Nos compagnes n'hésitent pas un instant, et les voilà qui dévalent la pente intérieure du volcan. Nous les suivons, bien sûr. Tout en bas, au bord de l'eau, il y a une énorme pierre couverte de pétroglyphes... Pendant que nous l'observons, Margaret se fait une couronne de fougères et nous dit : «Autrefois, nos ancêtres venaient dans le cratère pour y chercher de l'eau douce.» Le jour faiblit déjà. Il ne faut pas trop s'attarder : ce soir, nous allons assister à un spectacle de danse traditionnelle.

Dialogue avec une jeune Rapa Nui

- Ça, c'est ma médecine, et ça, c'est mon cheval, le plus super de tous les chevaux !
- C'est quoi, ta médecine ?
- Une médecine pour s'envoler !
- Hum... Ça ressemble drôlement à de la marijuana... Et... tu ne vas pas à l'école?
- Non... C'est très ennuyeux ! Je préfère me balader à cheval, bavarder avec mes copains... On va se balader au volcan... On fume !
- Tu as un amoureux ?
- Non ! Moi, je n'ai jamais fait l'amour ! Mais ici, les jeunes, à partir de douze ans, ils savent tout ! La drogue, la cigarette, boire, le sexe... Moi je saute par la fenêtre pour aller à la discothèque, parce que Maman ne me le permet pas !

La consommation de drogues, qu'il s'agisse de marijuana (une plante), d'alcool, ou de drogues plus dures, est un problème qui ne concerne pas seulement les jeunes de l'île de Pâques, mais ceux de toute la planète. Et ici comme ailleurs, l'usage des drogues est souvent une fuite de l'individu face à lui même et au monde. La production, la vente, l'achat et la consommation de drogues sont le plus souvent interdits par la loi. Leur usage est dangereux, tant pour la santé que pour l'équilibre psychologique des personnes. La consommation excessive de drogues dures, ou overdose, peut entraîner la mort.

Vera

De la tradition

Dans notre petite chambre, le réveil sonne. Debout les filles, c'est l'heure d'aller à l'école ! Au collège, Clahudya nous salue et nous emmène dans sa classe. Première heure : informatique. Depuis trois semaines, les ordinateurs ont été branchés sur Internet. Clahudya nous donne son point de vue : «Nous sommes ici à l'île de Pâques, un endroit vraiment très isolé du reste du monde. Je crois que c'est très important d'être connecté à Internet, cela nous met en contact avec le monde entier. Nous pouvons naviguer vers tous les endroits qu'on aimerait visiter. Pour moi, le plus important, c'est de savoir ce qui se passe ailleurs, ne pas se limiter à notre île, mais connaître aussi le reste du monde.» Nous passons donc une heure à explorer Internet, sans oublier de faire une petite visite sur le site de *Fleur de Lampaul* ! Puis la journée continue. Outre les cours classiques auxquels ont droit tous les élèves du monde entier, les élèves de l'île de Pâques ont aussi des cours de culture Rapa Nui. Ils y apprennent leur langue, mais aussi la musique, les danses, les légendes, la sculpture ou la peinture... Nous rencontrons Lyn Rapu, un de leurs professeurs. Il fait montre d'un véritable souci de transmission et de préservation de la culture pascuanne :

Tourisme et Culture

Les lampes éclairent les corps luisants de sueur, abandonnés au rythme de la musique. J'ai l'impression que les danseurs ont oublié les spectateurs qui les entourent, et que les danses traditionnelles ont retrouvé leur sang et leur chair véritables. Je me demande dans quelle mesure c'est à cause des touristes que les gens d'ici dansent, et redonnent la parole à leur culture. Aujourd'hui, il y a plein de magasins où les Rapa Nui fabriquent de petits *moai* ou des tablettes Rongo-Rongo, comme souvenirs pour les touristes (copies d'originaux que se partagent aujourd'hui les plus grands musées du monde...). Ceux-ci peuvent trouver des hôtels, des restaurants, louer des voitures... Le développement du tourisme est peut-être une chance pour l'île, mais aussi un péril pour sa tranquillité et la préservation de ses paysages, de ses sites archéologiques.

Vera

à l'Internet

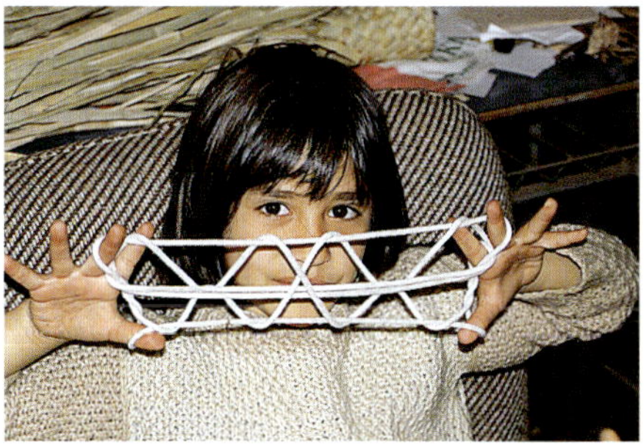

«Notre culture va survivre. Je suis persuadé qu'elle ne disparaîtra pas, parce que nous la conservons de toutes nos forces, nous la faisons renaître. Tu as vu ces élèves, ils apprennent à jouer les musiques et les chants Rapa Nui ! Il faut préserver notre héritage.

Les enfants doivent savoir que tout cela, c'est vraiment beau.» Longtemps bafouée, la culture traditionnelle est aujourd'hui remise à l'honneur, dans une évidente quête d'identité. Les jeunes Pascuans se sentent résolument polynésiens, même s'ils ont la nationalité chilienne. L'avenir ? Clahudya et Margaret ne l'imaginent pas ailleurs qu'ici (même s'il leur faudra peut-être rejoindre Santiago du Chili pour leurs études supérieures). Pourtant, tout est loin d'être facile à Rapa Nui. L'île a connu ces dernières années une évolution très rapide, qui a creusé un écart important entre les générations. Beaucoup d'adolescents ont du mal à dialoguer avec leurs parents et l'usage des drogues douces a rapidement progressé. Un atelier d'artisanat a été créé afin de leur permettre de trouver une solution plus constructive à leurs difficultés. C'est Lyn qui s'en charge, et les jeunes y viennent nombreux !

Internet à Rapa Nui

La classe est très motivée pour apprendre à utiliser Internet. Margaret et Clahudya, nos deux guides, se mettent en ligne sur le site Internet *Fleur de Lampaul* et envoient un message au bateau.
Je trouve cela fantastique que des gens vivant dans un endroit aussi reculé puissent se mettre en contact avec le monde entier, par le biais d'une machine.
Les insulaires se sentent moins isolés. Et ce sera aussi plus facile de rester en contact avec mes amies Rapa Nui : il ne faudra pas un mois à ma lettre pour arriver !

Lisa

Les peintures corporelles

Lyn contemple les traits de mon visage et les souligne à l'aide d'une terre rouge. Juan, Lolu et lui-même sont peints des pieds à la tête. Margaret et moi nous asseyons sur une pierre et les regardons. Comme ils auraient pu le faire il y a des centaines d'années, ils se mettent à danser. Concentrés sur l'âme de leur chant, ils oublient tout ce qui les entoure.

Vera

Le mystère

En 4x4, nous roulons entre des champs à l'abandon et des bois d'eucalyptus. En compagnie d'un natif de l'île, Sergio Rapu, archéologue de renommée mondiale, nous allons rendre visite à nos premiers *moai*. Lorsque nous arrivons à la seule plage de l'île, Sergio nous explique : «Voici la plage d'Anakena. C'est l'endroit où est arrivé le roi Hotu Matua, qui a colonisé toute l'île. Il venait d'un endroit appelé Hiva, situé probablement aux Marquises. Cela se passait sans doute au VIe siècle après Jésus-Christ.» Sergio Rapu nous emmène maintenant au Rano Raraku. Ce volcan, situé au centre de l'île, servait de carrière pour la taille des statues. Dans toute l'île, l'histoire est inscrite sous forme d'une impressionnante industrie mégalithique : Rapa Nui compte près de mille statues de pierre, les *moai*, immenses sculptures anthropomorphes. De 2 m à 21 m de long, les *moai* pouvaient peser plusieurs dizaines de tonnes ! Pour les Rapa Nui, ces colosses de pierre représentaient leurs ancêtres divinisés dont ils espéraient s'attirer ainsi le *mana*, la puissance.

Ils les transportaient par la «route des *moai*» jusqu'à l'autel de leur village et les dressaient ainsi, tournant le dos à la mer, regardant vers les maisons dont ils étaient en quelque sorte les gardiens. Les ancêtres,

C'est Sergio Rapu qui, en 1978, découvre pour la première fois l'œil d'un *moai*, fait de corail blanc et de tuf rouge.

Le Rano Raraku

Le volcan Rano Raraku, ancienne «fabrique» des *moai*, apparaît à l'horizon. À l'origine, les *moai* n'étaient pas destinés à rester ici, mais aujourd'hui, ils sont 300 à attendre en vain de partir pour leur *ahu*. Certains gisent face contre le sol, d'autres sont inachevés, encore pris dans la roche. Debout contre eux, je crois comprendre l'importance qu'ils avaient pour leur peuple.

Lisa

«Nous avons expérimenté et estimé que, pour tailler un *moai* moyen, il fallait environ un an de travail pour un groupe de 14 personnes.» *Sergio Rapu*

des moai

comme nous l'explique Sergio Rapu, étaient d'une importance capitale : «Ils sont la connexion entre les hommes et les dieux les plus importants.
En Polynésie, les dieux sont nombreux. Nous avons Tangaroa , Make Make...
L'ancêtre, lui, est un pas en dessous vers les hommes.»
Les anciens Pascuans vivaient essentiellement d'agriculture et de pêche.
Ils possédaient aussi des poules et des rats comestibles. Ils habitaient des maisons de chaume parfois immenses dont la structure rappelle la coque d'un bateau renversé. Ils portaient des tatouages et de simples capes de *tapa* (tissu végétal), comme les autres peuples de Polynésie. Dix tribus, ou *mata*, descendantes des fils de Hotu Matua, se répartissaient les terres. La société pascuanne était très hiérarchisée; et chaque *mata* était divisé en nombreux clans familiaux. Chacun de ces clans possédait un lieu de culte, l'*ahu*, sur lequel étaient érigés les *moai* : on compte près de 200 *ahu* sur l'île ! Mais lorsque les Européens arrivèrent, la construction des *moai* avait cessé depuis bien longtemps, et le peuple Rapa Nui n'était plus que l'ombre de lui même.

La route des moai

Marchant sur l'ancienne route des *moai*, Sergio Rapu nous décrit leur transport. Trois groupes d'hommes attachaient des cordes autour du *moai*. Un groupe tirait d'un côté, un autre tirait à son tour, de l'autre côté, tandis que le troisième groupe tirait régulièrement vers l'avant. En utilisant cette méthode de balancement, possible grâce à la forme de «vague» donnée à la base de la statue, le *moai* «marchait» lentement. Quand le sol était trop mou, des pierres devaient être placées sur la route afin que la statue ne s'enfonce pas. Ceci a donné lieu à la formation de la route sur laquelle nous nous trouvons. Ce site est très important pour les archéologues. Malheureusement, il est menacé par des projets agricoles.

Lisa

Les moai kava-kava

«Si vous regardez attentivement cette statuette de bois produite à partir du XVIIIe siècle, vous voyez qu'elle n'a pas de muscles, mais des côtes saillantes. Et là, ce n'est pas la bouche ferme d'un homme fier, mais une bouche ouverte et faible. C'est le portrait d'un homme affamé, qui n'a plus que la peau sur les os. Il symbolise la période de décadence de notre culture. Les grandes figures de pierre des moai symbolisaient une époque de force, de muscles, une époque fière. Ils ont la bouche orgueilleuse et regardent par-dessus vos têtes. Celui-ci regarde votre visage et vos pieds, il exprime la faiblesse. La faiblesse du peuple, mais aussi la faiblesse de notre culture.» Sergio Rapu

Ils s'appelaient

Clahudya, Lisa et Vera sautent de la voiture. Nous sommes devant un *ahu* dont les *moai* ont été jetés à terre. Dans ce lieu désolé au bord de l'océan sauvage, le spectacle a quelque chose de pathétique, comme si une grande tragédie s'était jouée. Sergio Rapu est adossé à un *pukao*, un de ces énormes cylindres de tuf rouge qui servaient parfois de chapeau aux *moai*. Il nous fait le récit de la décadence de la culture pascuanne. Il y a eu des guerres sur cette île minuscule. Et c'est pour cela que les *moai* sont renversés, ici comme sur les autres autels, avant que certains ne soient restaurés.

Que s'est-il donc passé ? Sergio nous explique qu'à partir du XVIIe siècle, la population s'accrut jusqu'à atteindre 20 000 personnes ! L'environnement limité de l'île ne pouvait pas nourrir tant d'habitants. De nombreuses espèces végétales et animales disparurent. Les clans ne pouvaient plus nourrir les sculpteurs, et la taille des *moai* fut définitivement interrompue. Des sécheresses survinrent peut-être à ce moment-là, aggravant encore la situation. La famine décima la population, et poussa les hommes affamés les uns contre les autres : les tribus de l'île se livrèrent alors une guerre sans merci. À chaque bataille, le clan victorieux renversait les *moai* des vaincus, ruinant ainsi leur pouvoir moral. En l'espace d'un siècle, presque tous les *moai* furent abattus.

Ainsi, après une période de colonisation de l'île, puis une période de prospérité où la statuaire pascuanne se développa, il y eut une époque de guerres et de cannibalisme. Cette décadence eut sans doute lieu pendant le XVIIIe siècle, peu après

Pointes de flèches

Sergio nous montre deux morceaux d'obsidienne : l'un est un grattoir, l'autre une pointe de flèche. La datation au carbone 14 montre une évolution de la taille de l'outil vers la taille des armes. Il n'y a jamais eu de giber ici : ces pointes de flèches étaient destinées à tuer des hommes.

«Rapa Nui»

le premier passage des Européens. C'est en avril 1722, le jour de Pâques, que le capitaine hollandais Roggeven aborda l'île. Il n'y resta que quelques jours. Pour les Pascuans, suite aux guerres, une période nouvelle commença. Ils inventèrent le culte de l'Homme-Oiseau, qui permettait aux tribus de trouver un compromis et de vivre en paix. Mais le retour des Blancs, à partir du XIXe siècle, fut l'amorce d'une grave période de déclin. Aventuriers, baleiniers et trafiquants d'esclaves jetèrent leur dévolu sur l'île, et l'histoire des Pascuans devint plus sombre que jamais : rapts, esclavage, exil forcé, introduction de maladies nouvelles. Les exactions furent telles que le peuple Rapa Nui manqua de disparaître : en 1888, quand le Chili annexa l'île, les Pascuans n'étaient plus que 140 ! Ils avaient perdu toute mémoire de leur passé et toute connaissance de leur culture. L'identité Rapa Nui continua d'être bafouée jusqu'il y a peu : ce n'est qu'en 1993 que la loi chilienne reconnut aux insulaires pascuans un «droit à la différence», et que des cours de culture Rapa Nui furent intégrés à l'enseignement scolaire. Aujourd'hui, les enfants pascuans peuvent parler leur langue sans craindre d'être réprimandés, et enfin comprendre qui ils sont.

Tangata Manu

Orongo, c'est un site avec d'anciennes maisons en pierres dont les portes sont tournées vers trois îlots : Motu Kau Kau, Motu Iti, Motu Nui. Dans les rochers, des pétroglyphes témoignent du culte de l'Homme-Oiseau. Une fois par an, les candidats au titre d'Homme-Oiseau, représentant leur clan, nageaient jusqu'à l'îlot Motu Nui, où ils attendaient de trouver le premier œuf de sterne. Cet oiseau était considéré comme l'incarnation du dieu principal, Make Make. Trouver le premier œuf, c'était être choisi par le dieu comme son envoyé et devenir, pour un an, chef suprême de toute l'île. L'Homme-Oiseau, reclus dans une grotte sacrée, prenait toutes les grandes décisions, et assurait la paix entre les clans.

J'essaye d'imaginer la vie d'autrefois, avec cet étrange culte. Assise sur un rocher en regardant le soleil s'enfoncer dans le Pacifique, je laisse à mes pensées la liberté de rêver. Vera

Guerres et anthropophagie

D'après Marcos Rauch, un autre archéologue, «il y eut probablement de 10 à 15 000 personnes impliquées dans ces guerres. En fait, il est à peu près certain que la majorité de la population antique a disparu. Les gens ont été tués dans des guerres, et beaucoup ont été mangés. La capture d'esclaves était l'un des objectifs de ces combats. Les esclaves étaient sacrifiés, ou bien ils étaient mangés.»

Rapa Nui, comme notre

Marco Rauch, archéologue et botaniste au Parc naturel de l'île de Pâques, nous accueille avec un large sourire ce matin. Il va nous emmener dans la serre que l'équipe du Parc entretient avec le plus grand soin : entre autres espèces qui attendent ici d'être replantées bientôt sur les terres de Rapa Nui, il en est une, précieuse et rare, qui accapare toute leur attention. C'est le Toromiro. Cette espèce endémique, qui n'existe nulle part ailleurs dans le monde, avait manqué de disparaître à jamais de la surface de la Terre. Surexploité, son bois étant idéal pour la sculpture des *moai* kava-kava puis des sculptures en tous genres faites à l'intention des touristes, cet arbre n'a été sauvé que de justesse, par des scientifiques qui ont réussi à faire germer des graines. Il n'a pas encore été réintroduit sur les flancs du volcan Rano Kau ou Rano Raraku, mais Marco nous explique que cela devrait être fait d'ici à quelques années. À lui seul, le Toromiro résume une bonne partie de l'histoire de l'île, puisqu'il est un exemple parfait des conséquences d'une surexploitation du milieu. Pour mieux comprendre cette histoire, archéologie et botanique se

«Rapa Nui, par bien des aspects, est un exemple pour le monde. Ici, les Pascuans ont trop consommé, ils n'ont pas su générer une culture durable.
La surpopulation et la rareté des ressources naturelles ont provoqué une crise globale, une crise qui a causé la disparition de l'ancienne société Rapa Nui. C'est un exemple qui pourrait servir pour le reste de l'humanité, qui pourrait nous inciter à utiliser les ressources naturelles de manière durable et, ainsi, faciliter le maintien de la vie, notre vie à tous. Cela commence par chacun de nos gestes quotidiens : ne pas gaspiller, recycler... Les ressources de notre planète ne sont pas inépuisables.»
Marcos Rauch

Iorana Korua Ta'ato'a Gäpoki a te Henua ! **«Bonjour à tous les enfants du monde!»**
Dans un recoin du monde, il y avait une île très éloignée, mystérieuse et solitaire, qui entre les océans attendait qu'un jour, les gens arrivent. Ce jour arriva enfin, et les gens ont peuplé l'île. Quand ce peuple s'est formé, notre histoire a commencé... Aujourd'hui, avec seulement 3000 habitants, Rapa Nui possède une culture merveilleuse, pour laquelle nous luttons, nous, les jeunes, afin de la conserver. Et nous invitons le monde entier à connaître l'énigmatique culture que possède *Te Pito e te Henua* (Le Nombril du Monde), ou Rapa Nui...»

Clahudya

planète dans l'univers

rejoignent dans l'étude des pollens conservés par les sols. Il est ainsi possible de reconstituer en partie l'évolution du milieu. Les historiens ont pu déterminer que depuis 30 000 ans, Rapa Nui était récouverte d'une forêt subtropicale, avec des arbres comme le hau hau, le toromiro, le palmier. Mais vers l'an 800, quelques siècles seulement après la colonisation polynésienne, le pollen des palmiers et des autres arbres est peu à peu remplacé par du pollen d'herbes. En 1400, la forêt a entièrement disparu : défrichement, construction de canots pour la pêche, transport des statues, bois à brûler pour les fours... Comme il n'y a plus d'arbres, de nombreuses espèces animales comestibles disparaissent et la pêche au large devient impossible (il ne reste plus aux Pascuans que de petites embarcations en totora, ces roseaux que l'on trouve aujourd'hui encore dans le cratère du Rano Kau). Même les coquillages sont surexploités. Alors les Pascuans augmentent leur élevage de poulets. Enfin, le cannibalisme apparaît. Le tableau global est celui d'une des plus extrêmes destructions de l'environnement : disparition de presque toutes les espèces d'arbres et d'oiseaux.

Pourquoi l'histoire de l'île de Pâques, qui ne manque pas de fasciner tous ceux qui ont la chance d'en aborder les rivages autant que ceux qui en rêvent de loin, continue-t-elle de nous interpeller aujourd'hui ? Peut-être parce que les problèmes conjoints de surpopulation et d'épuisement de l'environnement, qui ont conduit à la ruine des Pascuans, ne sont pas sans rappeler, à une autre échelle, ce vers quoi notre planète Terre risque de s'acheminer. Découvrir Rapa Nui, c'est prendre une leçon d'histoire dont l'écho résonne d'une bien étrange façon, comme un avertissement, une mise en garde peut-être…

Le dernier Toromiro a été coupé dans les années 60 !

Le reboisement

Jusque dans les années 1960-1970, l'île était complètement pelée, suite à l'élevage intensif d'ovins qu'une compagnie anglaise y avait réalisé : en 1886, près de 20 000 moutons ravagèrent la végétation ! Tout cela, au mépris des Pascuans, qui furent parqués dans un seul village entouré de fils barbelés ! Un reboisement est en cours depuis 30 ans, surtout avec des eucalyptus.

Adieu Rapa Nui

Le moment est venu. Billets d'avion en main, nous sommes à l'aéroport. Tous les amis sont venus nous dire au revoir. Margaret, Clahudya, Merahi, Mahina, Lyn, Lolu nous offrent des colliers de coquillages pour notre départ, afin que nous ne les oubliions pas. Une dernière fois, je les serre dans mes bras. Ces jeunes, qui nous sont devenus si chers en peu de temps, vivent sur une île du bout de la Terre et ne s'intéressent que davantage à d'autres cultures et d'autres peuples. Je n'oublierai jamais les moments que j'ai eu le privilège de passer avec vous, mes amis de Rapa Nui.

Vera

Le vent souffle avec force. Toutes voiles dehors (ou presque !), nous longeons au plus près la côte de l'île de Nuku Hiva, l'une des six îles habitées de l'archipel des Marquises.

Nous sommes en plein hiver austral, mais pas une goutte de pluie n'est tombée ces derniers mois. Pourtant, sous les pitons volcaniques, l'île verdoyante semble foisonner de vie.

Au village d'Hatiheu, de nombreuses traditions perdurent, notamment celle de la danse d'accueil. Parés de costumes de feuilles, enfants et adultes seront bientôt accompagnés par le

rythme lent des percussions. Au son des chants ancestraux d'un peuple qui nous invite à découvrir sa culture, nous faisons notre premier pas dans le monde marquisien.

3

VALLÉES SAUVAGES DES MARQUISES

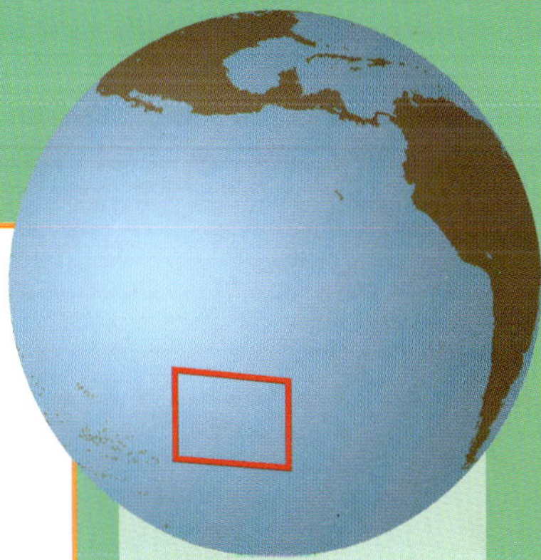

Composantes naturelles
Climat tropical. 1275 km². Relief très prononcé, vallées encaissées, pitons en pain de sucre culminant à 1232 m à Ua Pou. Îles volcaniques. L'archipel compte 20 îles, îlots et hauts-fonds, dont 6 îles habitées (Nuku Hiva, Ua Pou, Ua Huka, Hiva Oa, Tahuata, Fatu Hiva).

Population
7358 habitants en 1988. Langues : français (officiel), marquisien.

Économie
Franc Pacifique : 18 CFP = 1FF. Économie rurale : cultures vivrières, coprah.

Histoire
Îles peuplées vers 150 av J.-C. Nom aborigène : Te Fenua Enata, «Terre des Hommes». Découverte par l'Occident : 1595. Annexées par la France en 1840, les Marquises font partie du TOM de Polynésie française.

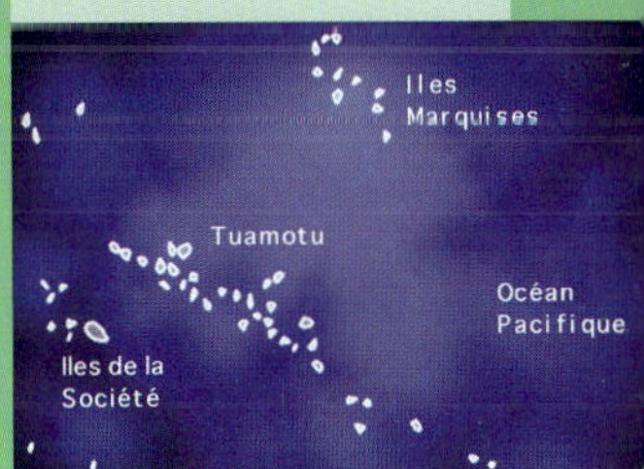

L'île apparaît soudain. On dirait une forteresse posée sur l'océan, avec ses contreforts et ses vallées sombres, gorgées d'eau et de verdure.

Nous contournons la côte rocheuse déchiquetée, battue des vents et de la houle du Grand Océan, jusqu'à la baie d'Hatiheu. Nous affalons les voiles et jetons l'ancre. Nuku Hiva est devant nous, droite, altière, presque farouche, comme le furent autrefois les Marquisans face aux Européens, qui devaient pourtant les amener au bord de l'anéantissement. Qui sont aujourd'hui les enfants de ce peuple ? Que leur reste-t-il de la fabuleuse civilisation érigée par leurs ancêtres ? Comment pourront-ils se réapproprier une histoire, une culture qui furent si longtemps méprisées ? C'est ce que Tahia et Tiatehaki, deux jeunes adolescents de notre âge nés à Nuku Hiva, nous feront peut-être découvrir.

Une île des mers du Sud

À l'arrivée à Nuku Hiva, une chaleur écrasante nous a enveloppés. Au début, je croyais qu'on allait arriver sur une île avec cinq ou six cocotiers et du sable... Mais en fait, les Marquises sont des îles montagneuses avec des vallées, des arbres, et des fleurs à vous couper le souffle... Nous allons passer trois semaines au village d'Hatiheu, et partager la vie des familles marquisiennes.

Alexandre

Dans la vallé

L'alimentation marquisienne

Elle est à base de tubercules (taro, manioc, patate douce) et d'uru, le fruit de l'arbre à pain. On mange aussi beaucoup de cochon et de bananes, le tout cuit au four marquisien. Il faut creuser un trou dans la terre, y faire un feu, puis mettre des pierres à chauffer. Entre deux épaisseurs de feuilles, il faut déposer le cochon sur les pierres puis recouvrir de terre. Douze heures après, c'est cuit, et c'est bon !

Pierre

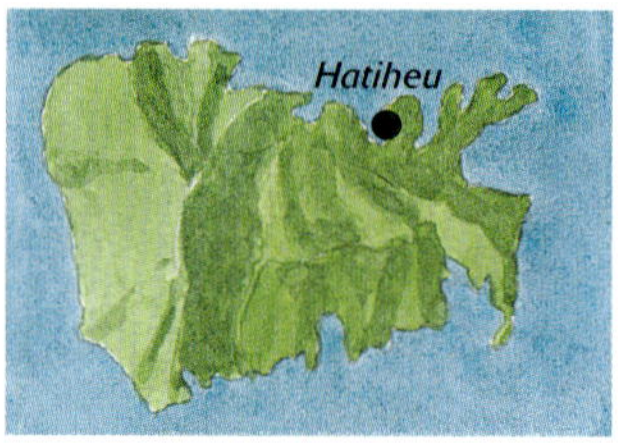

«La Orana ! Bonjour, bonjour !» Quand nous débarquons sur la plage d'Hatiheu, nous sommes aussitôt accueillis par les enfants qui s'y baignent. Ils sont une dizaine, garçons et filles, âgés de douze ou treize ans. Vêtus de shorts en tissu imprimé à fleurs, ruisselants d'eau de mer et le sourire éclatant, ils nous parlent français, puisque c'est la langue qu'ils apprennent à l'école : nous sommes en Polynésie française. Dans leurs familles, on parle toujours le marquisien : ils sont donc parfaitement bilingues. Les Marquises sont l'un des cinq archipels de Polynésie française, qui compte aussi les îles de la Société, les Tuamotu, les Gambier et les Australes. Les Marquises sont l'archipel le plus au nord, le plus proche de l'équateur, et comptent six îles habitées. Nuku Hiva en est la capitale.

En compagnie des jeunes Marquisiens de Hatiheu, nous allons rendre visite à Yvonne, le maire du village, qui choisira pour nous des familles d'accueil. Et le soir même, nous faisons nos sacs et partons vivre à terre. Jeanne, grande et forte, les cheveux lisses et bruns, le teint doré, les yeux en amande, accueille Gouly et Rianne chez elle pour quinze jours. Elle a treize ans et porte également, comme beaucoup d'enfants polynésiens, un deuxième nom, traditionnel cette fois : Tahia. Et Mathias, qui héberge Icaro,

d'Hatihéu

s'appelle aussi Tiatehaki. Ils sont, l'un comme l'autre, nés sur cette île, dans cette vallée qui est séparée des vallées voisines par des crêtes presque infranchissables. Tahia nous apprend que depuis qu'elle va au collège, elle doit quitter Hatiheu et vivre en internat sur une autre île pendant toute la période scolaire. Presque tous ses amis sont dans ce cas.
Mais pour l'instant, ce sont les vacances, et Tahia emmène Gouly et Rianne découvrir Hatiheu et ses environs. En chemin pour la baie voisine d'Anaho, elle leur apprend une vieille chanson marquisienne, en ramassant le long du chemin de nombreux fruits sauvages et sucrés. Plus tard, elles se baignent sur la plage de sable noir au pied des maisons colorées, regardent la télé ensemble, et se racontent leur vie d'adolescentes venues de contrées si lointaines ! Tahia montre aussi aux filles comment faire les costumes, en feuilles de cocotiers et de pandanus, utilisés pour les danses traditionnelles. Elle partage sa chambre avec Rianne et Gouly. Mais dans d'autres familles, tout le monde dort encore dans la même pièce, comme cela se faisait autrefois aux Marquises : chez Roseline, où vit Mado, trois générations se partagent la chambre.
Les maisons, en bois le plus souvent, sont très ouvertes : les murs ne montent généralement pas jusqu'au toit, mais s'arrêtent à un mètre du sol, laissant le vent circuler. C'est bien agréable, car l'air est lourd, chargé d'humidité. D'ailleurs, de midi à trois heures de l'après-midi, les 185 habitants d'Hatiheu ne sortent pas au soleil. On n'entend que la cloche de la petite église de bois, peinte en blanc, juste derrière le terrain de football. Personne dehors ?
Si, peut-être : des cris joyeux viennent de la forêt, à gauche du village.

La baie d'Hatiheu

Des pics déchirés sortant de la mer, une étroite plage de sable noir, nous sommes à Hatiheu. Au-dessus de la plage, les petites maisons sont entourées d'hibiscus, de tiarés, de bougainvilliers... Dans les rues en terre, on croise poules, chats et chiens en liberté. Le village compte à peine 180 habitants, il n'y a qu'une école primaire, une minuscule mairie, une pension-restaurant et une église. Les touristes sont peu nombreux, le calme et la chaleur omniprésents... Une forêt de cocotiers et d'arbres à pain s'élève sur la montagne qui domine toute la baie.

Madeleine

L'Aranui

Ce matin, l'Aranui est arrivé dans la baie. C'est le cargo des îles polynésiennes. Une fois par mois, il vient ravitailler le village en essence et en marchandises. Aux Marquises, les villages sont isolés et le bateau est la seule possibilité d'échanges qu'ils ont avec l'extérieur. Le passage de l'Aranui est donc une fête. Mais pour l'instant, au travail ! Il faut décharger les chaloupes qui font la navette jusqu'au quai.

Renaud

Te Fenua Enata,

Tiatehaki, Icaro, Alex et Simon sont partis en balade. Il n'y a vraiment pas de plaine ici : dès que l'on sort du village, on se retrouve en montagne, dans la forêt tropicale. Tiatehaki, dont le nom veut dire «enfant des nuages», est parfaitement à l'aise dans la nature. Il a l'air plutôt timide, lorsqu'il est au village, mais maintenant, c'est autre chose ! Il nous parle à cœur ouvert : «J'aime bien les Marquises, j'aime bien être ici, parce qu'il y a la nature. Quand je regarde la télé, quand je vois les autres pays, il y a beaucoup d'immeubles, beaucoup de voitures, ça sent l'échappement, la pollution. Ici, non. Quand on vient par là, il y a beaucoup de vent, c'est bien. Ici, les Marquisiens, ils savent bien entretenir la nature (...). Plus tard, comme métier, j'aimerais faire des plantations. Des ananas, des bananes, du taro, tout ça, pour nourrir ma famille. Moi je crois qu'il faut respecter la forêt, partout dans le monde. Il ne faut pas trop détruire, défricher pour faire du bois.» Les garçons du bord découvrent beaucoup de choses en compagnie de Tiatehaki : la pêche aux chevrettes, ces écrevisses qui abondent dans les ruisseaux venus de la montagne, la chasse aux chèvres sauvages, les combats de coq qu'il faut d'abord attraper dans la forêt…

Nuku Hiva fait 340 km^2, et s'élève à plus de 1200 mètres d'altitude. Les Marquises sont des îles volcaniques, les dernières formées en Polynésie orientale : elles n'ont «que» 1,3 à 6 millions d'années ! C'est pour cela qu'elles ont un profil si marqué, avec des pitons, des arêtes, des aiguilles, des vallées et des gorges sombres. Pour ajouter encore à leur air sauvage, les Marquises ne s'entourent pas des paisibles lagons qui couronnent tant d'autres îles du Pacifique.

Le peuplement végétal

Autrefois, les Marquises n'étaient que d'immenses volcans. Au fil du temps, de la terre s'est formée et a permis le développement de la végétation. Lors des cyclones, le vent a apporté de nombreuses graines. Des noix de coco et des fruits de pandanus, qui peuvent résister plusieurs mois en mer, sont arrivés par les flots. Mais la majorité de la végétation est venue avec les oiseaux : ils transportaient des graines accrochées à leur plumage ou en rejetaient dans leurs excréments. Quant à l'arbre à pain, l'igname, les patates douces, etc., ils sont arrivés plus tard, avec les premiers hommes.

Gouly

La scolarité

Jusqu'au jour de la rentrée, Tahia passe ses vacances chez elle. Après, elle part pour Ua Pou, une île voisine. Toute la semaine, elle vit dans l'enceinte du collège et de l'internat. Le week-end, elle est hébergée dans une famille d'accueil. Bon nombre de Marquisiens sont ainsi obligés de quitter leur famille, leur vallée, voire leur île pour suivre leur scolarité.

Madeleine

terre des hommes

J'ai découvert un pays
Un pays où l'on ne vend
pas les fruits
On les donne
Avec un sourire
Une fleur dans les
cheveux
Un rire qui traverse
la gorge
Libre comme un air
Et vous va droit dans
le cœur.

Philippe

Lori ultramarin

Non, elles sont offertes aux assauts de l'océan qui les érodent en un relief marqué. Dans ce décor naturel somptueux, comme nous n'en avions jamais vu, nous apprenons à connaître des espèces, végétales ou animales, nouvelles pour nous : ce sont des espèces endémiques (comme l'était déjà le toromiro de l'île de Pâques, par exemple !). Aux Marquises, l'endémisme est d'autant plus fort que le lieu est très isolé : il concerne 80% des espèces d'oiseaux, 55% des insectes, 50% de la flore, 12% des mollusques... Cet endémisme est source de richesse écologique, mais fait également du milieu naturel marquisien un milieu fragile, qui résiste mal à l'importation de nouvelles espèces. Par exemple, plusieurs espèces ont déjà disparu, d'autres sont menacées. Tiatehaki, lui, est conscient de cette fragilité. Plus tard, il aimerait faire en sorte de la protéger !

Des îles pêchées par les dieux

Une légende raconte qu'un dieu serait allé pêcher les Marquises au fond de la mer et aurait décidé d'en faire sa maison, donnant à chacune des îles le nom des différentes parties du pae pae. Ainsi, Ua Pou, nom d'une île voisine de Nuku Hiva, signifie «deux piliers» en référence aux piliers de la maison marquisienne traditionnelle.

Ma maison marquisienne

Les anciennes maisons marquisiennes s'appelaient *pae pae*. Elles étaient faites d'un dallage de grosses pierres surmonté de piliers sculptés et d'un toit en feuilles tressées. Maintenant, les maisons sont en tôles et en bois, et leur aménagement, assez moderne. Celle que j'habite a gardé quelques traits de son ancêtre le *pae pae*, car les pièces n'ont pas vraiment de mur, et la chambre est collective.

Icaro

Uru, fruit de

Nous sommes invités à un grand festin chez Yvonne : au menu, porc au four marquisien et... l'inévitable *uru*, le fruit de l'arbre à pain. On en trouve 40 variétés dans toute la Polynésie, et il peut donner trois récoltes par an, pendant près de cinquante ans ! Autrefois, il arrivait que quelques années de sécheresses successives compromettent les récoltes, mais les Marquisiens avaient trouvé la parade : une des préparations de l'*uru* pouvait être conservée pendant des mois, voire des années ! En tout cas, ce soir, nous nous régalons !

Si le fruit de l'arbre à pain était un élément essentiel de l'alimentation des Polynésiens, sa sève était également très utile. Blanche, épaisse et collante, elle servait de calfat pour les pirogues ou de glu pour capturer les oiseaux dont les plumes ornaient les costumes des chefs. On l'utilisait également, seule ou avec d'autres plantes, pour soigner coupures, brûlures et autres maladies de peau.

L'*uru*, le fruit de l'arbre à pain, peut atteindre 30 cm de diamètre pour un poids de 5 kilos.

Une légende polynésienne raconte comment, lors d'une période de famine, le vieux Teae, chef et prêtre d'une île, avait été transformé en arbre à pain par le dieu Oro. Par ce sacrifice volontaire qui avait sauvé son peuple, il était à l'origine de cet arbre nourricier.

Il existe près de 40 variétés d'*uru* en Polynésie.
1. *Ma'ohi* : variété la plus répandue dont la chair est blanche.
2. *Maire* : petit fruit à la pulpe jaune pâle.
3. *Huero* : arbre trapu à la couronne étendue ; fruit à l'épiderme vert.
4. *Rare autia* : l'une des meilleures variétés, réservée autrefois aux chefs.
5. *Paea* : gros fruit à la pulpe jaune, brillant et un peu compact.
6. *Puero* : chair très prisée ; épiderme jaune taché de brun.

l'arbre à pain

Avec le tronc de l'arbre, on construisait des pirogues et des poteaux pour les *pae pae*. Son écorce était à la base du *tapa*, une étoffe végétale. Cet arbre si important pour les Marquisiens est arrivé sur ces îles dans les pirogues de leurs ancêtres ! Les navigateurs venus du Sud-Est asiatique transportaient en effet avec eux les plantes et les animaux nécessaires à l'établissement de leurs colonies. En forêt, lorsque l'on trouve un groupe d'arbres à pain, c'est que l'endroit était habité autrefois.

Mais l'arbre à pain n'est pas le seul arbre précieux : il y a aussi le cocotier. Son bois, ses feuilles, ses fruits, tout est utilisé. La pulpe de la noix de coco, une fois séchée, s'appelle le coprah. On en extrait de l'huile dans les raffineries de Tahiti. Les habitants de Hatiheu en exportent 35 tonnes par an. Mais le coprah ne suffit plus à faire vivre la vallée, et ce dur travail rebute la plupart des jeunes qui ont fait des études. Pourtant, quelles activités peuvent-ils exercer ici ? Les Marquises restent très isolées. L'île de Nuku Hiva est régulièrement reliée par avion à Tahiti, et, une fois par mois, un petit cargo relâche à Hatiheu. Ce sont les seuls liens avec le monde extérieur. Les vallées des Marquises, autrefois si peuplées, restent pour la plupart solitaires, silencieuses, et l'on y sent encore la présence d'un passé mystérieux.

Les mutinés du *Bounty*

Lorsque les Européens entendirent parler de l'arbre à pain, ils cherchèrent à l'acclimater ailleurs pour profiter de ses bienfaits. En 1788, le *Bounty*, un navire anglais commandé par le capitaine Bligh, quitta l'Angleterre pour aller chercher des plants d'arbre à pain à Tahiti. Une mutinerie fit échouer cette expédition mais la rendit célèbre. Aujourd'hui, on trouve cet arbre aux Antilles ou en Guyane, mais il n'a pas la même importance qu'en Polynésie.

Le 31 mars 1789, 1015 plants d'arbre à pain furent embarqués dans ces petits paniers protecteurs qu'utilisaient alors les botanistes.

Une fois le fruit cuit, on l'ouvrait avec un fendoir afin d'enlever la partie centrale non comestible. Le pilon permet d'obtenir la *popoi*, en battant la chair du *uru*.

Une recette

Aux Marquises, l'arbre à pain est très important. On peut en faire du *kakou*, une sorte de purée : il faut cuire le fruit au feu de bois, ôter sa peau grillée et en recueillir la pulpe. On la pétrit ensuite jusqu'à ce qu'elle devienne élastique. L'autre préparation, plus traditionnelle, est appelée *popoï* : il faut laisser fermenter la chair du fruit pendant des mois, puis la cuire dans du lait de coco. Aujourd'hui, avec le riz et les pâtes, l'*uru* perd de son importance, mais reste malgré tout implanté dans les traditions. On peut voir partout ces beaux arbres pousser.

Madeleine

Une aventure

Voyage dans le temps

Avec Pierre, l'archéologue, nous défrichons et nettoyons les terrains susceptibles d'être d'anciens *pae pae*. Il faut faire des relevés du site, pour savoir exactement ce qu'il contient. Lorsque les pierres des fondations apparaissent sous la verdure, et que Pierre nous donne les explications, je m'imagine la vie comme elle devait l'être autrefois, et le passé ressurgit devant mes yeux. C'est cela que j'aime dans l'archéologie, découvrir et, ensuite, laisser mon imagination prendre le dessus. Pierre nous montre des pétroglyphes, des polissoirs, des restes de table...
Chaque fois, le mystère est là malgré les explications. L'archéologie fait voyager dans le temps.
Chaque inscription, chaque pierre est un vestige du passé, un trésor.

Madeleine

«Doucement, doooucement...» nous rappellent Marie-Noëlle et Pierre Ottino, deux archéologues qui restaurent, depuis plusieurs mois déjà, l'ancien village de la baie d'Hatiheu. Nous grattons les pierres d'un vieux *pae pae*, l'habitation traditionnelle marquisienne. Voilà bientôt une semaine que nous dégageons, déblayons, nettoyons les pierres ensevelies sous la végétation depuis près de deux siècles, à flanc de montagne, à quelques kilomètres du bord de mer. Yvonne, maire du village, Pierre, Marie-Noëlle et les habitants d'Hatiheu ont décidé de rendre vie à leur vallée.

Ici vivait autrefois une population nombreuse. Abordées pour la première fois par les Occidentaux en 1595, les îles Marquises, qui ne contenaient ni or ni épices, furent oubliées pendant près de deux siècles. Mais lorsque les Européens revinrent, ce fut pour perpétrer l'un des plus grands génocides du Pacifique.

En 1800, l'archipel des Marquises comptait près de 100 000 habitants. En 1926, ils n'étaient plus que 2000 ! Cette dépopulation terrifiante est due essentiellement à l'introduction de maladies nouvelles, et à celle des armes à feu, qui rendirent les guerres entre vallées de plus en plus meurtrières. La culture a presque entièrement disparu. Ne restent que quelques danses, chants et légendes, et de rares témoignages écrits par des voyageurs ou des missionnaires. L'archéologie

Construction à l'ancienne

Les gens du village reconstruisent des maisons traditionnelles, sur les vestiges de pierre des *pae pae* d'autrefois. Alex et moi leur donnons un coup de main. Nous dressons d'abord des troncs de cocotiers sur la base du *pae pae*, élevée d'au moins 50 cm au-dessus du sol. Avec de l'écorce, que nous avons tressée pendant des heures, nous fixons des poutrelles sur les piliers, avant de les couvrir de palmes de coco pour faire un toit...
Il ne manquerait plus qu'une natte pour dormir à l'ombre !

Simon

archéologique

aussi peut fournir de précieuses informations sur l'histoire de ce peuple, et contribue ainsi à reconstituer des bribes d'un passé à jamais révolu.
À quoi la vie des anciens Marquisiens ressemblait-elle ? Reportons-nous vers l'an 150 av. J.-C., lorsque des hommes parviennent sur ces îles jusque-là désertes et les peuplent. Ces hommes définissent peu à peu une culture. Leur pays, ils le nomment *Te Fenua Enata*, la Terre des Hommes. Leur société compte des chefs, des prêtres, des guerriers, des artistes, ainsi que des gens du peuple. Le pouvoir le plus important est le pouvoir religieux. Les prêtres l'exercent en décidant des *tapu*, interdits qui régissent la vie de la tribu et sont l'expression de la volonté des dieux, les *atua*. Toute transgression d'un *tapu* exige une punition… parfois mortelle ! Dans cette société guerrière, où chaque village doit se méfier des vallées voisines, les sacrifices humains ne sont pas rares. Ils accompagnent par exemple les grands moments rituels, comme l'achèvement du tatouage d'un membre de la communauté. Les prêtres ont également pour rôle de soigner les maladies. Quant au chef, il doit contrôler les ressources économiques du groupe, notamment en distribuant le *ma*, pâte obtenue par fermentation du fruit de l'arbre à pain et conservée dans des fosses collectives. Les villages, établis en retrait de la mer, pouvaient compter jusqu'à plusieurs milliers d'habitants !

Pétroglyphes

Aujourd'hui, Simon et moi avons découvert des pétroglyphes, des dessins gravés dans la pierre il y a au moins 200 ans. Cet art était pratiqué par des personnes importantes, pour représenter des animaux ou des hommes. Mais on ne sait pas expliquer la signification exacte de ces gravures, ce pour quoi elles ont été faites. Je n'avais jamais participé à des fouilles. C'est comme une sensation de plongeon dans l'histoire.

Pierre

La légende de Toti

Avant, la Terre et le Ciel étaient unis et ils espéraient avoir un enfant. Mais, en dépit de leur désir, ils n'y arrivèrent pas. Alors, ils décidèrent de se séparer, et le Ciel monta, la Terre descendit. Mais tout le temps, ils se regardaient et continuaient à s'aimer. Alors, ils décidèrent de se retrouver et la Terre fit les montagnes et le Ciel fit les nuages. Un jour, un nuage rencontra une montagne et ils donnèrent naissance à Pluie, qui fut leur premier fils, qui fut le premier homme.

Philippe

Une identité

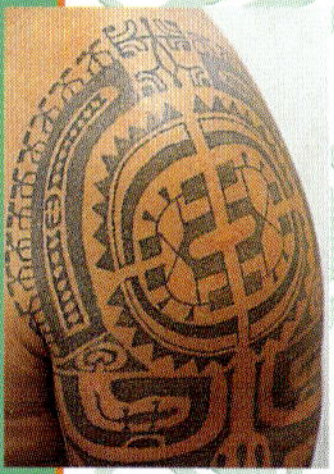

Sur le petit quai de béton du village, Tahia et Roseline confectionnent des costumes de danse : de grandes jupes de feuilles, et un petit soutien-gorge, lui aussi entièrement végétal. Tout en expliquant à Rianne comment faire, elles s'entraînent pour le Festival de l'an 2000 qui aura lieu bientôt à Hatiheu. C'est également pour ce festival que les *pae pae* de l'ancien village sont restaurés. L'art des ancêtres est un précieux héritage, car les Marquisiens étaient aussi un peuple de créateurs raffinés. Souvent, quand les obligations de la vie quotidienne étaient remplies, ils sculptaient : des *tiki* en pierre (statues anthropomorphiques représentant des dieux), des gravures de pétroglyphes, des motifs sur bois, coquillage, nacre, ivoire de cachalot. Ils faisaient de la peinture sur *tapa*, un tissu obtenu à partir de fibres végétales, confectionnaient des coiffes en plumes ou dents de dauphins. Depuis toujours, les sculptures des Marquises sont réputées les plus belles du Pacifique.
Les artistes d'aujourd'hui cherchent à retrouver les savoirs de leurs ancêtres. Mais une des plus parfaites expressions de

L'origine du tatouage

Hamatakee rencontra le dieu Tu qui était fort triste. «Pourquoi tant de tristesse ?
- C'est que ma femme m'a abandonné...
- Si tu veux qu'elle te revienne, fais-toi beau par le tatouage. Elle te prendra pour un être nouveau et te reviendra.
- Eh bien, mets-toi à l'œuvre !» répondit le dieu Tu. Hamatakee le tatoua, et Tu parut dès lors si attrayant que toutes les femmes auraient bien voulu l'avoir. Alors sa femme s'empressa de revenir. Et depuis ce jour, tout le monde voulut se faire tatouer.

«Manihi a tiohia...»

Ces paroles nous invitent à regarder le *Ruù*, une danse d'accueil. Il y a également le *Haka*, qui annonce la venue des guerriers, le *Hakamanu*, ou danse de l'oiseau, et le *Mahau*, qui est... la danse du cochon ! Les danseurs sont vêtus de feuilles d'*uti*, longues et bruissantes.

Gouly

Préparation d'un costume de danse

Aujourd'hui, Roseline prépare son costume de danse. Pour commencer elle fait un collier de feuilles d'*uti* tressées avec des fleurs. Ensuite elle relie des feuilles d'uti pour faire une jupe et un haut. Elle n'utilise que des matières naturelles. La voilà prête à aller danser... Ne manque plus que la fleur derrière l'oreille, tiaré ou hibiscus cueilli sur le chemin !

Rianne

retrouvée

leur art était le tatouage, pratiqué dans tout le Pacifique, mais plus particulièrement développé aux Marquises. Il couvrait l'individu des pieds à la tête, inscrivant sur sa peau même son rang social, sa fonction dans la société. Le tatouage commençait à la puberté, et s'achevait vers quarante ans ! Longtemps interdit par les autorités coloniales, le tatouage retrouve aujourd'hui droit de cité et s'exprime avec beaucoup d'inventivité. De nombreux Marquisiens en portent au moins un !
Quant aux enfants, ils parlent encore la langue de leurs ancêtres et réapprennent aussi la danse, la sculpture, l'art pictural d'autrefois. C'est un véritable renouveau culturel, qui s'exprime avec toute la vigueur d'un peuple qui a failli perdre à tout jamais jusqu'au souvenir même de ses racines.
Nous avons passé près de vingt jours au village, partageant la vie des familles marquisiennes. Elles nous ont fait part de leurs espoirs pour le siècle à venir. Le renouveau culturel dynamisera peut-être leur vallée. Au Festival des Marquises, ils espèrent recevoir 5000 personnes. L'accueil de petits groupes de touristes pourrait procurer du travail. Car jusqu'à maintenant, malgré la beauté des paysages, rares sont ceux qui s'aventurent jusqu'ici. Quoi qu'il en soit, les Marquisiens gardent et revendiquent leur identité propre, dans le monde du XXIe siècle. Les jeunes que nous avons rencontrés semblent prêts à prendre la relève !

Renaissance des tatouages

Presque tous les gens que nous avons vus ici portent des tatouages, revenus à la mode depuis vingt ans. Cette renaissance a commencé avec de jeunes hommes en rébellion contre le mode de vie européen qui leur était proposé. Se faire tatouer, c'est vouloir ressusciter une partie de la culture marquisienne et polynésienne. Je sens que les Marquisiens sont fortement attachés à leur histoire, leurs ancêtres, leurs traditions, et qu'ils sont fiers de le montrer de cette manière expressive et originale.

Lisa

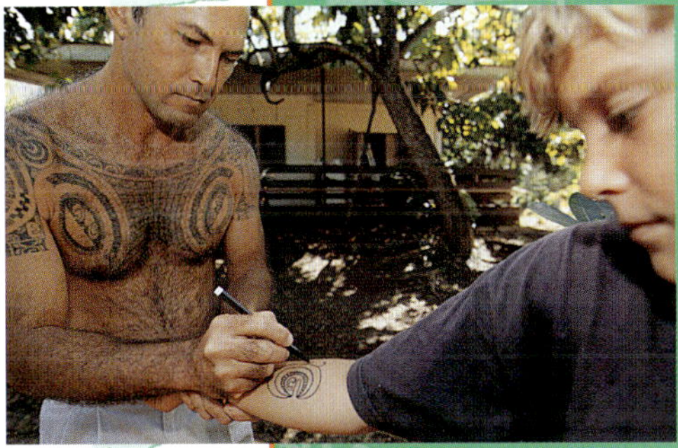

Un tatouage... pour rire !

Nous avons rencontré un tatoueur, le meilleur de Nuku Hiva. Il nous a montré les outils du tatoueur, du plus vieux au plus moderne. Impressionné par cet art et ces beaux dessins, j'ai voulu qu'il m'en fasse un. Il a choisi une figure symbolique représentant une force protectrice. Mais... seulement au feutre, car je suis trop jeune pour me faire tatouer !

Renaud

Les dieux disparus

Avant, les gens d'ici croyaient en plusieurs divinités, selon une hiérarchie dans laquelle les dieux du cosmos prenaient la plus haute place. Il y avait aussi des dieux pour la maison, les pirogues, les danses, les tatouages. Les demi-dieux, enfin, étaient les ancêtres, représentés par les *tikis*. Tout cela, je l'ai appris dans les livres : la société traditionnelle n'existe plus et les dieux d'autrefois ont été remplacés par le dieu chrétien.

Vera

Les camaïeux de bleus n'en finissent pas de nous éblouir, et la lumière est intense, presque difficile à supporter. Pourtant, c'est les yeux grands ouverts que nous pénétrons dans Ahe,

l'un des 80 atolls de l'archipel des Tuamotu. Jamais nous n'avons vu semblable paysage ! Comme c'est étrange d'être «dans» une île, à l'intérieur d'un mince anneau de terre !

Evangelina a quinze ans, comme Vera, qui est devenue son amie, dans la ferme perlière où elles travaillent ensemble pendant dix jours. La tante d'Evangelina leur a prêté ses

magnifiques colliers de perles noires, juste le temps d'une photo. Deux jeunes filles, l'une des Tuamotu, l'autre d'Allemagne, devenues un instant princesses des mers du Sud.

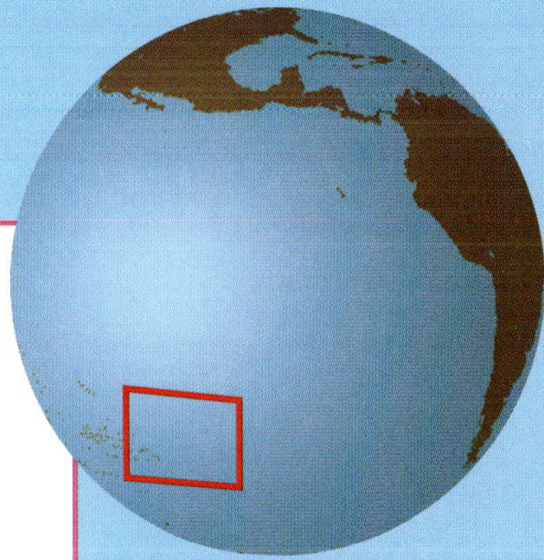

4

TUAMOTU, À FLEUR D'OCÉAN

À l'aube, nous discernons enfin une mince ligne de cocotiers à l'horizon, entre les bleus du ciel et de la mer. L'atoll est là, posé sur l'océan comme une fragile corolle.

Les Marquises sont à quatre jours de mer derrière nous. Manu est à la barre, et Ian, perché dans les haubans, lui indique par VHF le passage très étroit qui permet d'entrer dans l'atoll d'Ahe. «Va sur tribord… attention, patate de corail droit devant !» Le courant est très fort. Enfin, la tension se relâche : nous sommes passés. Sur 360°, l'horizon est clos. Quelle drôle d'île ! De loin en loin, des maisons sont construites sur pilotis, à distance du rivage, et au fond de l'atoll, nous devinons le village. Quel univers ce décor de carte postale cache-t-il ? Qui peut bien vivre sur cette île à peine élevée de la surface de l'océan ? Et comment ces îles étonnantes ont-elles bien pu se former ?

Composantes naturelles

Climat sec.
Précipitations : 1700mm/an.
Superficie : 900 km² de terres émergées, réparties sur 20 000 km², 80 îles et des îlots.

Population

11 700 habitants (1998)
Populations : Paumotu, Tahitien, Métropolitains, Asiatiques
Cinquante-trois îles habitées, capitale Rangiroa.

Économie

Monnaie : franc CFP
Économie : pêche familiale, perliculture, tourisme, coprah, service public.

Histoire

Peuplement vers l'an 1000. Découverte par l'Occident : 1606. Colonie française rattachee a Tahiti en 1880. En 2000, les Tuamotu constituent l'une des subdivisions administratives de la Polynésie française.

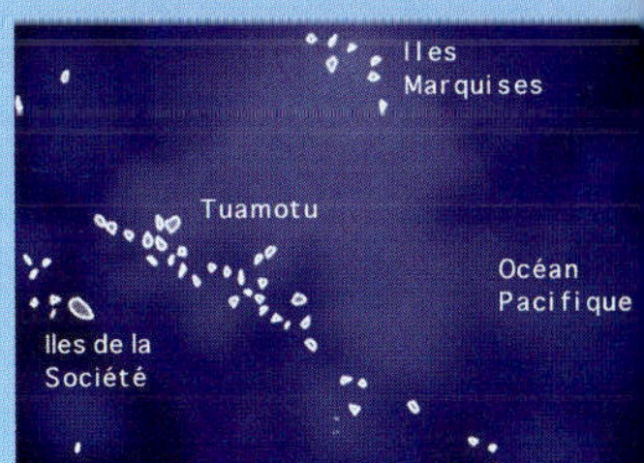

Voyager au quotidien

Nous entrons dans l'atoll et naviguons jusqu'au village. Je reste plongée dans un livre. Tout d'un coup, nous arrivons. Je monte sur le pont et réalise que je commence à banaliser mon voyage, oubliant que chaque moment compte, que ce n'est pas juste une autre escale à additionner à la liste. Alors je me répète : «C'est AHE aux Tuamotu, en Polynésie française, dans l'océan Pacifique !» C'est vraiment unique d'être là !

Rianne

Vivre sur un

Sur le petit quai de béton, des enfants Paumotu nous regardent débarquer avec un grand sourire : «C'est vous les pirates ?», nous demande Tefahito, dix ans à peine. Question inattendue, qui nous rappelle que le profil de la *Fleur* n'est pas commun dans ces eaux des tropiques ! Ici, il n'y a qu'une école primaire, et tous les jeunes en âge d'aller au collège doivent partir. Tefahito nous emmène à la découverte de son village : deux rues propres et fleuries qui se croisent à angle droit, et quelques sentiers qui partent vers les cocoteraies. Voilà tout. Lorsque nous sommes au bord du lagon intérieur, nous pouvons voir les énormes rouleaux du Pacifique : ce n'est vraiment pas large, un atoll ! Dans le village, il n'y a guère d'animation ! Peu d'habitants (200 au village, 800 au total), mais aussi peu d'activités économiques : le milieu, très aride et d'une forte salinité, se prête mal aux cultures. Le cocotier règne en maître absolu, mais la culture du coprah ne rapporte plus grand-chose, et le tourisme, développé sur certains atolls, ne l'est pas encore à Ahe. Il aura fallu plus de deux siècles, de 1606 à 1835, pour que les navigateurs occidentaux

Pêche sur le platier

Ce matin, Tefahito et moi sommes allés à la pêche sur le platier du motu, côté océan Pacifique. Nous avons tout d'abord attrapé des bernard-l'hermite comme appâts. Après, nous avons pêché à la ligne, en faisant bien attention de ne pas marcher sur un poisson pierre, dont l'épine dorsale est pleine d'un venin très dangereux. On n'avait pas le temps de parler qu'un poisson mordait déjà à l'hameçon ! Immédiatement, on le remontait et on relançait l'hameçon. En moins de deux heures, on avait une quarantaine de prises! Pas de doute, les atolls sont vraiment riches !

Alex

Vie sur un motu

Après quelques jours à Ahe, nous sommes invités par des familles à vivre sur leurs motus. Gouly, Mado, Alex et moi partons avec Juliette et son mari dans leur ferme perlière. Juliette nous dit que, en général, les propriétaires comme eux sont très riches, mais que leur richesse est sur Tahiti où ils ont de grandes maisons, des voitures...
Ici, sur leur motu, la vie reste simple, tranquille, leur maison est petite, même si antennes paraboliques, panneaux solaires et congélateurs témoignent d'un certain niveau de vie.

Vera

anneau de corail

recensent la totalité des atolls des Tuamotu. La maman de Tefahito nous fait goûter un excellent «pain coco», gâteau à base de lait de coco. Quand nous ressortons dans la rue, tout est toujours aussi calme. Le week-end seulement, il y a un peu plus d'animation… Mais il s'agit surtout des jeunes qui, à seize ou dix-sept ans, se rassemblent autour de dizaines de cannettes de bière. L'alcool est l'un des graves problèmes de la jeunesse polynésienne, souvent désœuvrée et en mal de repères par rapport à la culture occidentale qui s'impose peu à peu dans les îles. Les Occidentaux ne se sont installés dans les Tuamotu que vers 1850, mais les Paumotu n'ont pas résisté à l'acculturation et rien ne subsiste vraiment des temps d'autrefois. L'avenir ne paraît guère prometteur pour les jeunes d'ici, sauf…

sauf s'ils peuvent travailler dans une ferme perlière. Car c'est là que bat le nouveau pouls économique des Tuamotu. Ici, en dix ans, tous les motus ont été peu à peu occupés par l'exploitation des perles. L'oncle de Tefahito travaille dans la perliculture depuis plusieurs années. Nous sommes invités à passer quelques jours sur son motu.

Le village

Situé au fond du lagon sur un petit motu, Tenukupaïa est le seul village d'Ahe, fait de maisons en tôles et béton. Il y a une église, une mairie, une petite poste depuis laquelle on peut téléphoner par radio, une école primaire et trois magasins ravitaillés par bateau. Dans les ruelles de sable jaillissent ici et là cocotiers, arbres à pain, bougainvilliers et tiare. Il y a aussi un quai auquel sont amarrés les *speed boat*, petits bateaux plats à moteur, unique moyen de locomotion de l'atoll pour aller d'un motu à l'autre.

Gouly

Vie sur atoll

Malgré l'influence européenne, la vie sur un atoll a gardé un côté authentique, des particularités bien à elle. Cela tient à de petites différences : les gens, en sortant de leur maison, se retrouvent sur la plage, au lieu de marcher dans leur jardin. Ils ont des fermes, mais ils produisent des perles, non des légumes ou des poulets ! Ce qui me fait toujours rire, c'est d'entendre : «Je vais au village», et de voir démarrer un bateau à moteur à la place d'une voiture.

Rianne

Paumotu

Les gens qui vivent aux Tuamotu s'appellent Paumotu. Avec la modernisation, ils deviennent de plus en plus dépendants de l'extérieur. Plusieurs fois par semaine un bateau vient ravitailler l'archipel en matériel et en nourriture : produits frais, mais surtout produits gazeux, produits sucrés, conserves. Les activités traditionnelles, comme la pêche, le transport en pirogue ou la culture du cocotier, perdent de l'importance. L'alimentation évolue, et beaucoup de gens, surtout les enfants, sont obèses.

Icaro

Le monde de

Les jeunes Paumotu seront-ils contraints à l'émigration vers Tahiti, ou bien trouveront-ils, dans le développement de la perliculture, une voie d'avenir qui leur permette de continuer à vivre dans l'atoll où ils ont vu le jour ? On peut l'espérer : ces dernières années, grâce à la perliculture, la population a augmenté. Il y avait 80 habitants à Ahe, il y a vingt ans. Aujourd'hui, ils sont 800 !

Voilà maintenant trois jours que nous sommes dans la ferme de l'oncle de Tefahito. C'est là qu'il élève des nacres (une certaine espèce d'huître, la *Pinctada margaritifera*) et les fait greffer, afin d'obtenir des perles vendues ensuite en bijouterie. Nous rencontrons Évangéline, la cousine de Tefahito. À quinze ans, elle a déjà quitté l'école. Vera et Rianne travaillent avec elle tout au long du jour. Tous les matins, nous nous levons à six heures. Dès sept heures, le greffeur est à l'ouvrage. Il introduit le nucléus et le greffon dans l'huître perlière. Le nucléus, c'est une petite bille, taillée dans un coquillage, autour de laquelle l'huître produit la couche de nacre qui donne à la perle ses reflets irisés. Le greffon, c'est un petit bout de chair arraché à une autre huître perlière. Le greffon suscite le sac perlier de l'huître porteuse, qui produit une couche de cellules tout autour du nucléus. Ces cellules sécrètent de la nacre, dont le nucléus se trouve ainsi peu à peu enrobé. Celle-ci, par réaction, produit de la nacre pour neutraliser l'intrus, et elle enrobe du même coup le nucléus. Cette technique de greffe a été mise au point en 1912 par les Japonais. Mais il n'y a pas que le greffeur à la ferme ! Il faut beaucoup de personnes pour s'occuper de l'élevage des nacres, de leur nettoyage, etc. En tout, il faut un cycle d'au moins deux années et demi pour obtenir une perle !

Pendant ce temps, Tefahito joue sur une console de jeux vidéo avec les cousins de son âge, regarde la télé, se baigne ou bien va pêcher sur le platier.

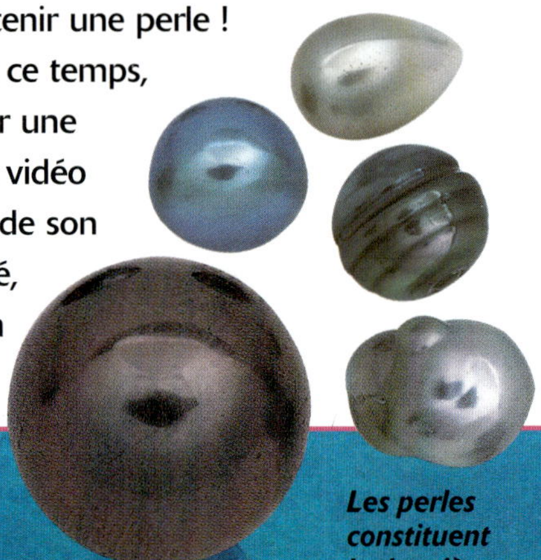

Les perles constituent la deuxième ressource du territoire après le tourisme.

la perle noire

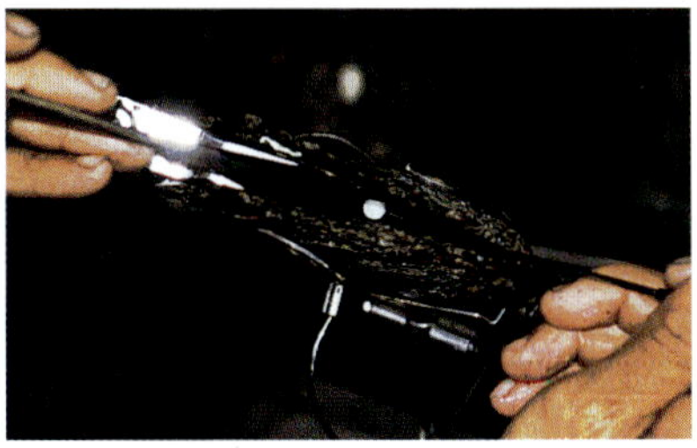

Le nucléus est une petite bille d'à peine quelques millimètres de diamètre, support de la perle, qui ne peut être taillée que dans la couche interne d'un certain bivalve d'eau douce. Ce bivalve est une espèce endémique qui ne vit que dans l'embouchure du Mississippi !

Depuis les années 70, la perliculture connaît un véritable boom économique. C'est une aubaine financière, une manne dont certaines familles locales ont su profiter, mais qui attire aussi de nombreux investisseurs étrangers, américains, japonais ou européens.
Aujourd'hui, de nombreux signes extérieurs de richesse témoignent de l'évolution sociale et économique due à la perliculture. Mais pour ceux qui produisent encore du coprah et pêchent afin d'améliorer l'ordinaire, le monde n'est pas pareil. La perliculture risque-t-elle de couper la société Paumotu en deux, et l'afflux soudain d'argent de fissurer les anciennes solidarités ?
Ce qui nous le plus a marqués, en découvrant la perliculture, c'est de saisir à quel point l'homme ne peut que s'en remettre à la nature, lui faire confiance. Il en est de même pour de nombreuses choses dont nous avons quotidiennement besoin : les aliments, bien sûr, mais aussi tout le reste ! Même si des transformations successives ont été nécessaires pour arriver à tel ou tel produit, la matière première, elle, provient toujours de la nature : ainsi du plastique, du métal, du carburant, etc. Mais lorsque nous ne la respectons pas assez, la nature finit par ne plus produire ce dont nous avons besoin, ses stocks s'épuisent et ne se renouvellent pas toujours.
En prendre soin est donc un impératif que l'on ne doit jamais perdre de vue, même lorsque l'on vit très loin d'elle. Sinon, c'est nous-mêmes que nous mettons en danger, à plus ou moins long terme. Apprenons peut-être à ne plus nous penser séparés de la nature, pour voir en elle notre plus précieuse alliée, la source de toute vie.

Les perles

Ce qui me plaît dans une ferme perlière familiale comme ici, c'est qu'on a confiance dans la nature. Paul, le propriétaire de la ferme, m'a dit que sur 100 nacres greffées, 40 donneront une perle. Il y a plusieurs interventions humaines : le captage des nacres, leur élevage, leur entretien, et la plus importante, la greffe. Mais malgré tous ces soins, que l'huître donne ou non une perle, c'est le secret de la nature. En lui faisant confiance, on obtient l'un des plus beaux bijoux du monde : la perle noire.

Vera

La perle... après l'atoll

Après récolte, les perles sont d'abord classées selon leur forme : rondes, semi-rondes, cerclées, baroques, etc. Ensuite, selon leur qualité : parfaite, ou avec des entailles, des irrégularités. Les couleurs aussi sont importantes : les bleues, les violettes sont plus rares que les grises… Grâce à ces paramètres sont établis des classements, de A à D. Puis on mesure enfin le diamètre de la perle et on établit son prix. Il peut aller de 200 FF à 15 000 FF! La perle, c'est un marché en expansion. Une école a même été ouverte en 1991 à Rangiroa, pour former les gens aux métiers de la perliculture. Beaucoup de personnes, en Polynésie, gagnent leur vie grâce à cette merveille de l'océan.

Pierre

À la ferme...

Avec Vera et Pierre, nous sommes restés une semaine dans la ferme perlière de Paul et Louisa. On est une dizaine d'ouvriers entre 16 et 30 ans. L'ambiance est très sympa. Une journée de travail commence à 7 h et finit à 17 h, avec une pause d'une demi-heure pour manger... Comme les ouvriers ne sont pas très bien payés, il arrive qu'ils volent des perles... C'est un travail très dur, presque du travail à la chaîne.

Simon

Les raies mantas

Je suis allé nager avec des raies mantas. Avec ses trois mètres d'envergure (les plus grandes peuvent mesurer 6 m et peser une tonne!), cet animal inoffensif se nourrit de plancton. Son nom tahitien est Fafapiti. Cet «ange des mers» a effectué un ballet majestueux sous mes yeux. La raie survolait le corail comme un oiseau survole la montagne, dans le silence de la mer. Puis en deux secondes, en deux coups d'aile, elle est repartie dans le bleu.

Alexandre

Les «animaux-

À chacune de nos plongées au-dessus du récif, nous apercevons de nouveaux poissons, vivement colorés, qui nagent autour de nous. Mais c'est seulement sous la loupe que nous découvrons les habitants les plus importants du récif, les polypes. Chaque boule, chaque branche, chaque éventail de corail se révèle être une colonie de centaines ou de milliers d'individus. Un individu, c'est un polype, un petit animal formé d'un «corps», qui est en fait son estomac, et de tentacules. Difficile de faire plus simple ! Avec ses tentacules, le polype capture des petites proies qu'il entraîne vers sa bouche puis dans son estomac, où s'effectue la digestion. Le polype vit sur un «calice», un squelette calcaire qu'il construit et à l'intérieur duquel il peut se rétracter. Il fabrique régulièrement un nouveau calice qui se superpose au précédent. Sur le corps du polype se forment des petits bourgeons qui grandissent en donnant de nouveaux individus.
Le corail pousse ainsi en épaisseur et en longueur (jusqu'à plusieurs centimètres par an). Les récifs coralliens sont le résultat de l'activité de milliards d'animaux microscopiques pendant des millions d'années !Si les polypes sont capables de capturer de petites proies, l'essentiel de leur alimentation a en fait une origine très différente.

Loupes binoculaires et autres microscopes... Installés autour de la table du carré, nous observons des petits morceaux de corail récoltés en plongée avec Jean-Baptiste. Pour cela, nous sommes équipés d'un microscope, d'une loupe binoculaire, et d'un système qui permet de visionner, sur un écran de télévision, ce que nous observons. Nous avons aussi des instruments qui nous permettent de manipuler délicatement le corail.

Gouly

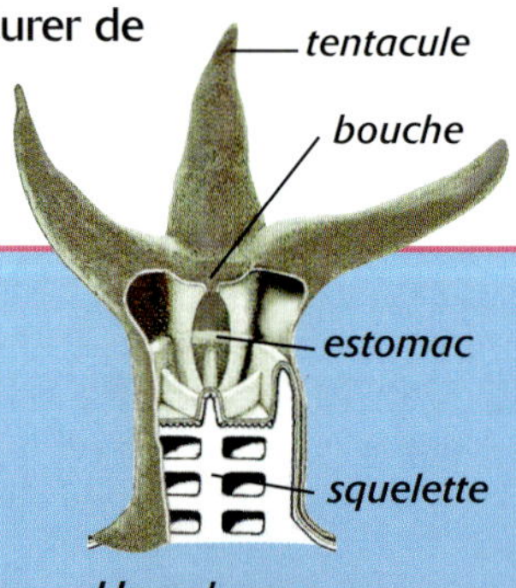

Un polype et son squelette

Dans l'ensemble des atolls, les biologistes ont inventorié plus de 1500 espèces de mollusques, 800 espèces de poissons et 170 espèces de coraux différents, sans oublier les trois espèces de tortues et les dauphins. Mais chaque atoll en compte beaucoup moins ! Plus il est grand, plus la faune sous-marine est diversifiée. Et les atolls largement ouverts sur l'océan sont plus riches que ceux qui forment un anneau fermé.

lantes» du corail

À l'intérieur de la paroi du polype vivent des milliers de zooxanthelles, des algues microscopiques unicellulaires (c'est-à-dire formées d'une seule cellule). Ces micro-algues vivent grâce à la photosynthèse : elles fabriquent elles-mêmes leur matière grâce à l'énergie du soleil, en se servant du dioxyde de carbone et des éléments minéraux dissous dans l'eau de mer. Bien à l'abri dans le polype, elles produisent tant de matière (des sucres par exemple) qu'elles en fournissent à leur hôte. On a calculé que 70 % de son alimentation vient des zooxanthelles ! Entre les polypes et les zooxanthelles, s'est créée une association à bénéfices réciproques, une véritable symbiose. Dans certaines conditions (comme une eau trop chaude), les zooxanthelles disparaissent. Le corail devient alors tout blanc, car ce sont les pigments des algues qui leur donnent leurs magnifiques couleurs. Si ce blanchissement dure trop longtemps, le corail meurt. C'est alors tout le récif qui souffre.
En effet, dans de bonnes conditions, les zooxanthelles se multiplient si vite que le polype les expulse dans l'eau de mer. Là, elles nourrissent les autres animaux, minuscules crustacés du plancton, vers filtreurs, petits poissons, et, indirectement, les gros poissons prédateurs.
Les zooxanthelles sont donc à l'origine d'une grande partie de la richesse biologique des îles coralliennes, alors que l'eau du large est particulièrement pauvre dans cette région.
Finalement, même les pêcheurs sont dépendants de la bonne santé du corail !

Première plongée dans Rangiroa

Des dizaines de petits poissons jaunes et argent me tournent autour, je peux presque les toucher ! Dans chaque trou, derrière chaque patate de corail, je découvre un poisson toujours différent, toujours plus coloré, plus surprenant que le précédent. Ce monde est vraiment paisible, je me sens libre de mes mouvements, j'ai l'impression de voler et de pouvoir faire tout ce que je ne peux pas faire sur terre : des pirouettes, des pompes sur un doigt...

Madeleine

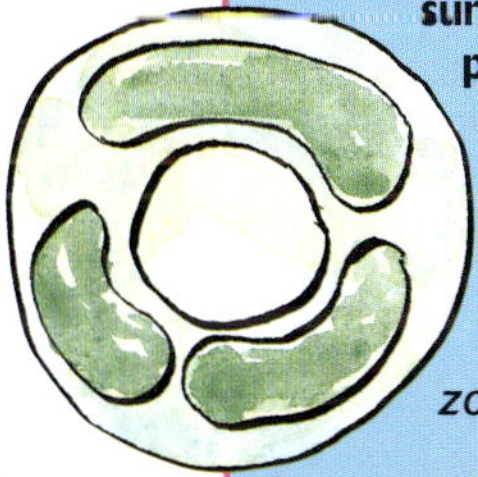

zooxanthelle

Le cocotier, arbre

Le cocotier mesure en général de 20 à 30 m, mais il existe des variétés naines, ne dépassant pas quelques mètres. Il peut vivre jusqu'à 100 ans.

La coque de la noix de coco protège la graine des chocs (lorsque la noix tombe au sol !) et de l'eau de mer. Les fibres sont en effet résistantes à l'eau salée, ce qui permet à la noix de supporter un séjour de plusieurs mois en mer sans perdre sa capacité à germer.

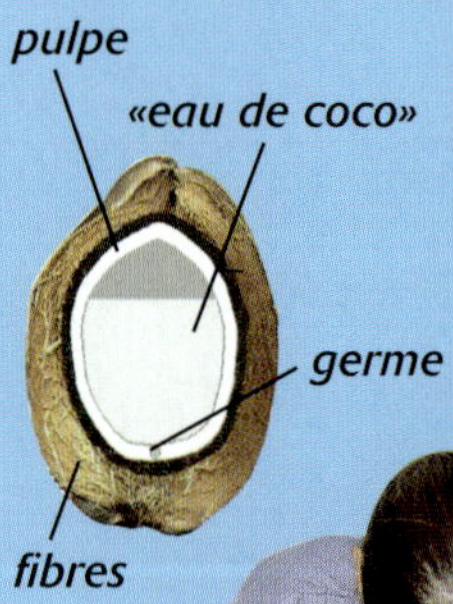

Les cocotiers symbolisent presque à eux seuls les rivages des îles du Pacifique. Ce sont pourtant des immigrants sur ces îles nées de volcans surgis au milieu de l'océan. Probablement originaires d'Asie, les cocotiers ont colonisé toutes les régions tropicales du monde par deux voies bien différentes. Comme ils poussent au bord de la mer, leurs noix sont entraînées au large par les vagues et les courants. Elles sont capables de résister plusieurs mois dans l'eau de mer et finissent parfois par atteindre un autre rivage. Si le climat est favorable, elles germent sur la plage. C'est ainsi que les cocotiers sont arrivés dans toutes les îles tropicales de l'océan Pacifique. Mais comme ce sont des arbres extrêmement utiles, les hommes ont également favorisé leur dispersion, en les acclimatant partout où c'était possible. On en trouve maintenant dans le monde entier, jamais très loin de la mer, là où le climat est chaud et humide. C'est maintenant le palmier le plus cultivé au monde.

En Europe, on ne connaît qu'une partie de la vraie noix de coco, son noyau ! Sur l'abre, ce noyau se trouve à l'intérieur du véritable fruit du cocotier, protégé par une coque lisse et une épaisse enveloppe de fibres. À l'intérieur du noyau, on trouve la graine, l'équivalent d'une amande. Celle-ci contient des réserves, la pulpe et l'«eau» de coco. On y trouve aussi un germe minuscule, qui porte les

Il faut environ 10 noix pour obtenir 1 litre d'huile. Avec une production mondiale d'environ 3 millions de tonnes par an, l'huile de coco vient au troisième rang des huiles végétales, après le soja et l'arachide !

de vie

ébauches des organes du futur cocotier : une racine et des feuilles. Lorsque les conditions sont favorables, la graine germe. La racine sort la première par un des trois pores germinatifs. Puis la tige et des feuilles commencent à pousser. Dès que la jeune plante s'est enracinée, elle peut subvenir seule à ses besoins, en cherchant dans le sol l'eau et les sels minéraux nécessaires à sa croissance.
Après récolte, les noix sont ouvertes et séchées au soleil pendant une semaine. La pulpe sèche, ou coprah, est pressée afin d'en extraire l'huile. Elle est très appréciée dans les industries alimentaire (margarine, beurre de coco) et cosmétique (le fameux monoï de Tahiti).
Le coprah n'est pas la seule partie utile du cocotier. Les fibres de la noix permettent de fabriquer des cordes, des sacs ou des tapis. Les palmes servent de matériau pour les toits ou pour faire des paniers. La coque de la noix est brûlée pour donner du charbon de bois. La sève du cocotier fournit du sirop et, après fermentation de ce sirop, une boisson alcoolisée (le «vin de palme»). L'écorce et les racines entrent dans la composition de médicaments traditionnels. Quant au tronc, il a de multiples usages pour la construction des maisons, de pirogues, etc. On comprend qu'un arbre aussi utile que le cocotier ait été surnommé «arbre de vie». Des programmes de recherche sont en cours pour créer des variétés nouvelles, plus performantes ou plus résistantes aux maladies.

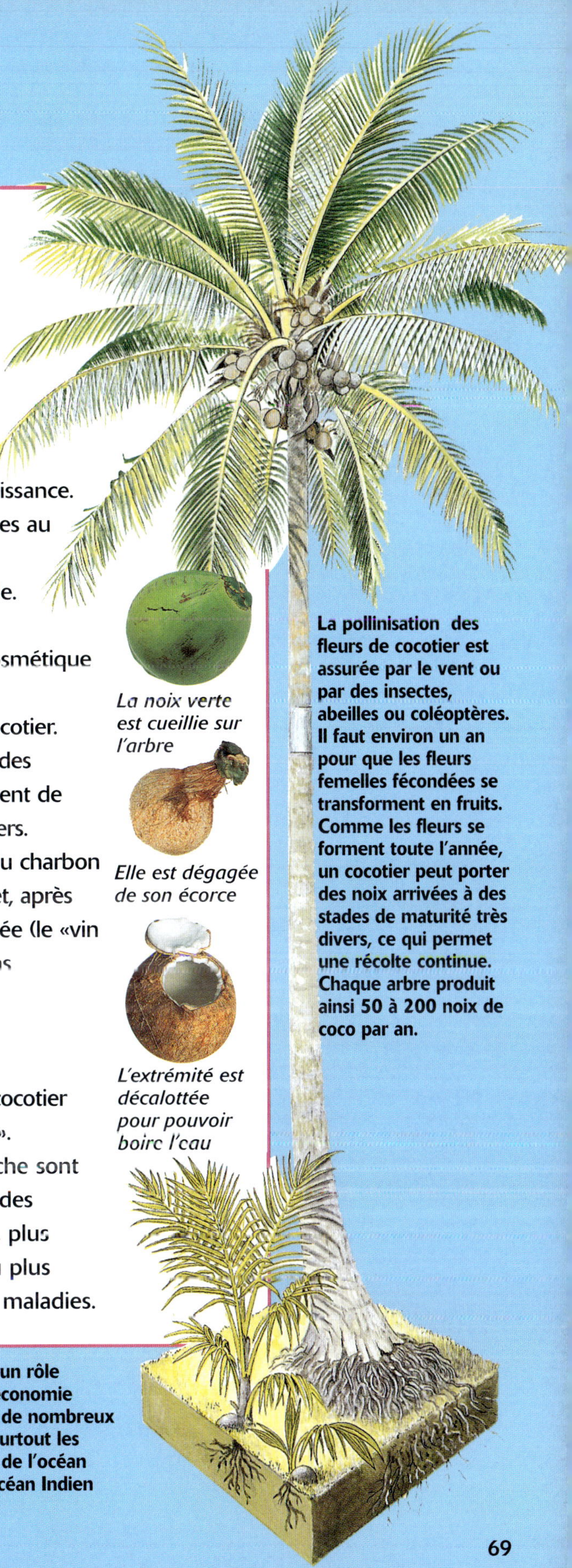

La noix verte est cueillie sur l'arbre

Elle est dégagée de son écorce

L'extrémité est décalottée pour pouvoir boire l'eau

La pollinisation des fleurs de cocotier est assurée par le vent ou par des insectes, abeilles ou coléoptères. Il faut environ un an pour que les fleurs femelles fécondées se transforment en fruits. Comme les fleurs se forment toute l'année, un cocotier peut porter des noix arrivées à des stades de maturité très divers, ce qui permet une récolte continue. Chaque arbre produit ainsi 50 à 200 noix de coco par an.

Le cocotier joue un rôle essentiel dans l'économie et l'alimentation de nombreux pays tropicaux, surtout les petites îles-États de l'océan Pacifique, de l'Océan Indien et des Caraïbes.

Formation des

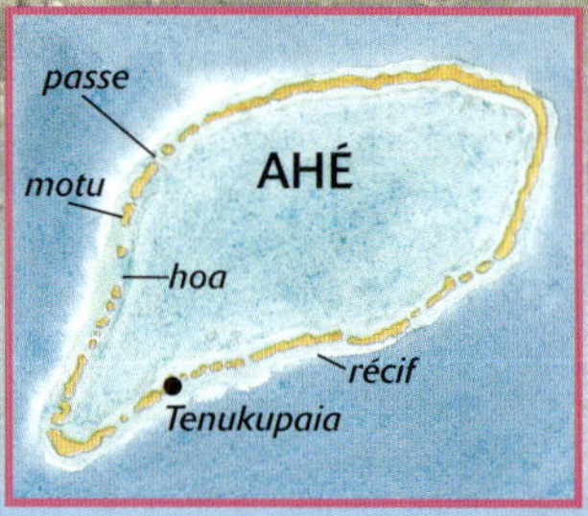

Motu et hoa
Le village est construit sur ce qu'on appelle un motu : l'atoll est formé d'une succession de motus, séparés par des passages d'eau très peu profonds, les hoas, qui relient le lagon à l'océan.

Vue du lagon

Un atoll, c'est une île volcanique qui a servi d'appui à la formation de coraux tout autour d'elle. Ensuite, le volcan s'est affaissé dans la mer, laissant seulement la ceinture de corail. Les motus (îlots) et les hoas (passages d'eau peu profonds) forment cette ceinture. Tous les motus appartiennent à quelqu'un. On ne peut pas débarquer dessus, en se disant que l'on peut, comme Robinson Crusoé, vivre entre l'eau turquoise et les cocotiers ! Madeleine

Du bateau, ce n'est pas évident de comprendre la forme d'un atoll, surtout s'il est grand et que les motus se perdent au loin dans la brume de chaleur. Il faut faire un véritable travail de géographe pour se rendre compte qu'un atoll a presque toujours une forme en anneau, plus ou moins allongé et plus ou moins morcelé en motus isolés les uns des autres.

Longtemps les navigateurs et les géographes se sont demandés comment avaient pu se former ces îles aux formes si particulières. Darwin, un naturaliste anglais célèbre pour sa théorie de l'évolution des êtres vivants, proposa en 1840 une explication qui fut confirmée par des sondages géologiques, près d'un siècle plus tard. Tout commence par une éruption volcanique sous-marine. Les coulées de lave construisent peu à peu une île nouvelle, au milieu de l'océan. Autour de cette île se développent des coraux qui forment un récif entre la surface et 30 m de profondeur. C'est un récif frangeant, situé au contact de l'île. Lorsque l'activité volcanique cesse, la croûte océanique se refroidit et s'enfonce un peu, provoquant l'affaissement progressif du volcan. S'il s'enfonce assez lentement, le corail qui a besoin de lumière compense ce mouvement en poussant vers le haut et reste ainsi près de la surface. Le récif forme alors une barrière entourant une île volcanique, comme à Bora-Bora ou à Tahiti. Le récif barrière émerge parfois sous la forme d'îlots au relief plat, les motus. Entre cette barrière et l'île haute s'étend le lagon. Au dernier stade, le volcan disparaît sous la surface de la mer, recouvert par le récif. Il ne reste plus qu'un anneau de corail autour d'un lagon central. Mais si l'on effectue un forage dans le lagon, on retrouve en profondeur la roche volcanique !

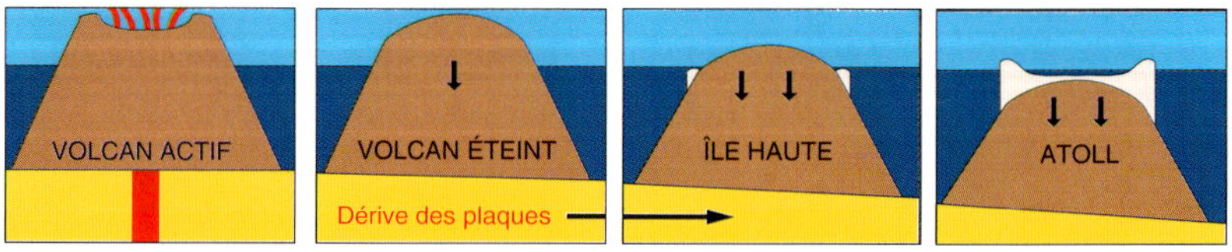

Les récifs coralliens des atolls sont souvent en bonne santé car il sont peu touchés par les activités humaines (bien que les fermes perlières les perturbent localement). Mais aux Tuamotu, nous avons observé du corail mort sur d'énormes surfaces. Le responsable ? Un réchauffement accentué de l'eau dû au phénomène climatique El Niño, qui touche tout le Pacifique. Il faudra des années au corail pour se reconstituer.

îles du Pacifique

La richesse de la vie sous-marine du récif offre un contraste saisissant avec l'environnement des motus. Avec à peine 200 plantes pour l'ensemble des Tuamotu, la flore est en effet peu diversifiée. Les plantes sont soumises aux embruns, qui enrichissent l'air et le sol en sel, un poison pour la plupart d'entre elles. Mais la pauvreté du peuplement végétal des atolls s'explique surtout par l'éloignement des continents. L'arrivée d'une nouvelle espèce suppose que ses graines aient parcouru des milliers de kilomètres avant d'arriver sur l'île, par hasard ! Les graines sont transportées par le vent, par les oiseaux ou par les courants marins. En fait, la plupart des arbres et des fleurs que nous voyons ici ont été apportés par les hommes ! Pour les animaux, c'est encore plus difficile de parvenir dans les îles, surtout s'ils sont gros. Un atoll abrite seulement une centaine d'espèces d'insectes différents alors qu'on en connaît plus de 53 000 en Australie ! Les autres animaux terrestres se réduisent à quelques lézards, escargots et crabes des cocotiers. Tous les mammifères ont été introduits par l'homme, volontairement ou non (les rats !).

Les Marquises sont des îles volcaniques semblables aux îles de la Société, mais l'eau est trop froide pour que le corail puisse former des récifs. Ces îles ne sont donc pas entourées d'un récif barrière.

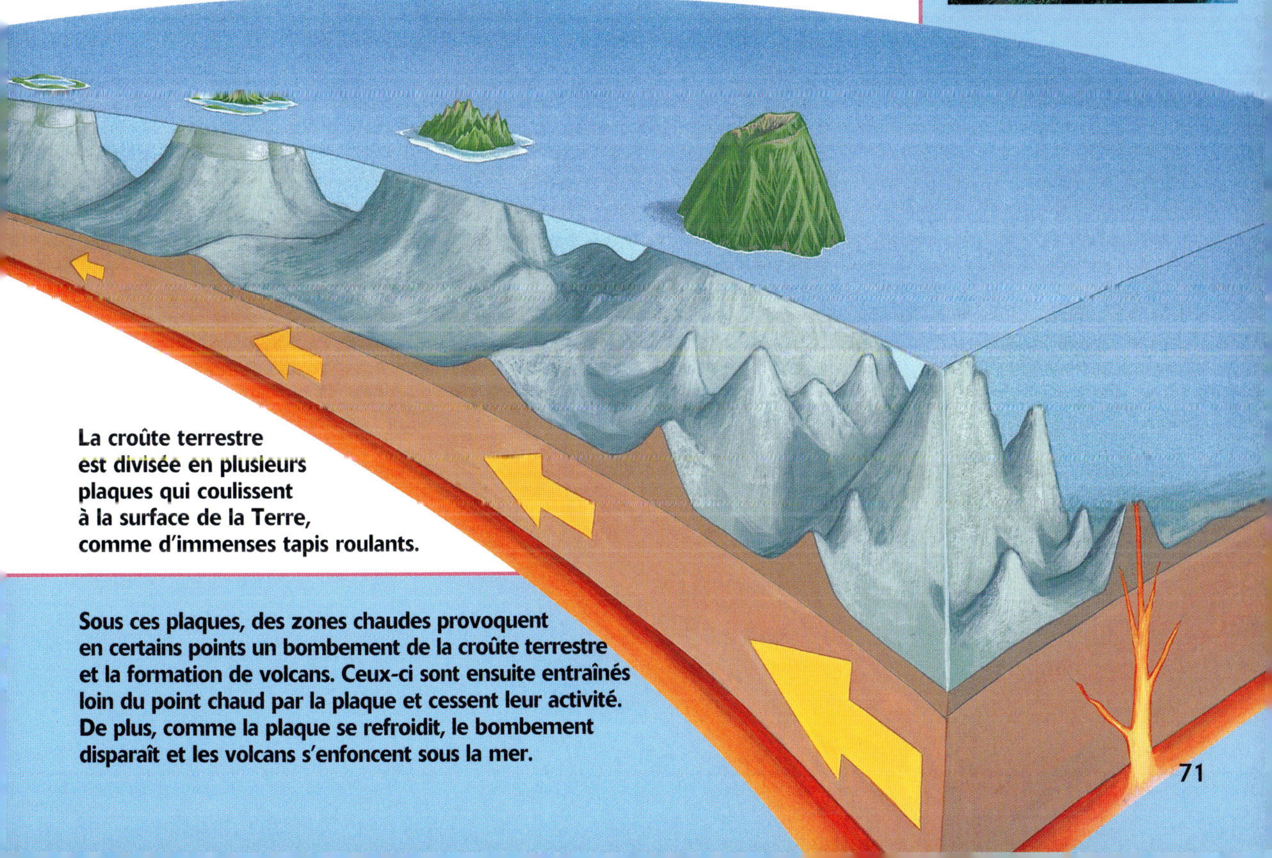

La croûte terrestre est divisée en plusieurs plaques qui coulissent à la surface de la Terre, comme d'immenses tapis roulants.

Sous ces plaques, des zones chaudes provoquent en certains points un bombement de la croûte terrestre et la formation de volcans. Ceux-ci sont ensuite entraînés loin du point chaud par la plaque et cessent leur activité. De plus, comme la plaque se refroidit, le bombement disparaît et les volcans s'enfoncent sous la mer.

Bora Bora, Raïatea, Huahine, Moorea, Tahiti... Ces noms légendaires sont presque aussi magiques que les terres qu'ils désignent. Dans les îles de la Société, nous restons sans voix

devant la perfection d'une nature plus que jamais luxuriante et enchanteresse. Quelles rencontres, quelles aventures allons-nous vivre, sur ces îles étonnantes, joyaux du Pacifique Sud ?

Rainui a pris son ukulele, la petite guitare polynésienne, et joue à Lisa, Rianne et Alexandre un air tahitien. Nous l'avons rencontré ce matin, au collège de Faaroa, sur l'île de Raïatea.

Comme au Cap-Vert ou à Cuba, nous réalisons une fois de plus que rien ne vaut la musique pour se rapprocher, se découvrir, et tisser entre cultures des liens d'amitié.

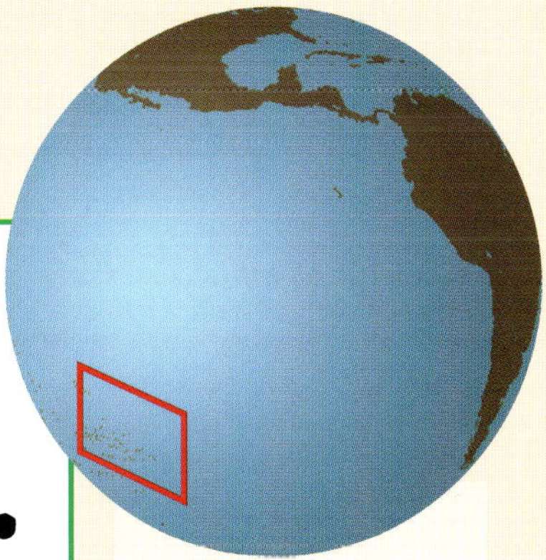

5

ÎLES DU VENT, ÎLES SOUS LE VENT

«Terre, terre !» Tout le monde se précipite sur le pont pour voir Raïatea apparaître à l'ouest. Cette île montagneuse entourée d'un lagon était autrefois sacrée.

Dans l'archipel des îles de la Société, les Polynésiens se montrèrent si hospitaliers et la nature si généreuse que les Européens crurent longtemps avoir trouvé le paradis terrestre. Aujourd'hui, la profusion des fleurs continue d'enchanter les touristes, mais le paradis est devenu moderne, Raïatea n'est plus le centre culturel sacré des Polynésiens, et le mythe de l'enfant-roi tahitien se brise sur les réalités d'un monde en mal de repères. Nous irons à Papeete, capitale de Tahiti et de la Polynésie Française, pour enquêter sur le thème des violences sexuelles que subissent les enfants. Les Droits de l'Enfant sont loin d'être toujours respectés dans le monde. Qu'en est-il pour tous les jeunes que nous avons rencontrés jusqu'à aujourd'hui ?

Composantes naturelles

1647 km2.
Relief : culmine à Tahiti, à 2 241 mètres.
Reliefs très marqués, îles hautes.
Les îles de la Société comptent les «îles sous le Vent» (Huahine, Raïatea, Tahaa, Bora Bora, Maupiti) et, un peu plus au sud, les «îles du Vent» (Tahiti et Mooréa).

Population

Environ 160 000 habitants sur 210 000 pour toute la Polynésie française.
Populations : Polynésiens, métropolitains, «demis» (métis), asiatiques.
Langues parlées : français (officiel.), tahitien.

Histoire

Découverte par l'Occident : 1767, par Samuel Wallis.
Protectorat français à partir de 1842, annexion en 1880, TOM à partir de 1946..

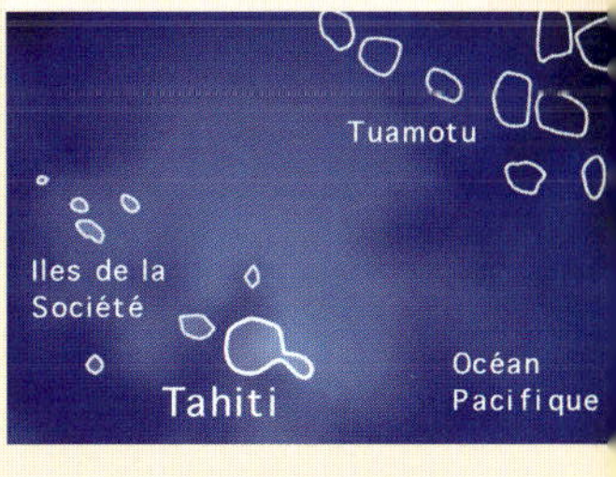

L'arrivée à Raïatea

Tout le monde est excité de voir du relief, après un mois dans les Tuamotu. Ici, il y a un lagon, comme dans les atolls, et les mêmes montagnes verdoyantes qu'aux Marquises. Cela forme des îles magnifiques ! Après avoir mouillé dans la baie de Faaroa, nous mettons le lougre à l'eau, pour remonter la rivière qui se jette dans le lagon. La vallée qui s'étend à l'ouest me paraît mystérieuse, j'ai envie de l'explorer. Pierre

Le Bancoulier

Cet arbre-là ne donne pas de fleurs, ni de ces fruits pour lesquels on a tant de gourmandises… Sa vertu est tout autre : il est surnommé «arbre lumière» car ses amandes, non comestibles, étaient autrefois enfilées en brochette sur des tiges de bambou qui servaient de bougies. Six amandes produisent une heure de lumière. Le bancoulier a été introduit par les Polynésiens. Sa sève, mélangée à de la suie, donne un colorant noir autrefois utilisé pour les tatouages et la teinte des tapas, tissu végétal polynésien. C'était un arbre indispensable qui, aujourd'hui, disparaît de l'abord des maisons. Les poteaux électriques l'ont remplacé !

Madeleine

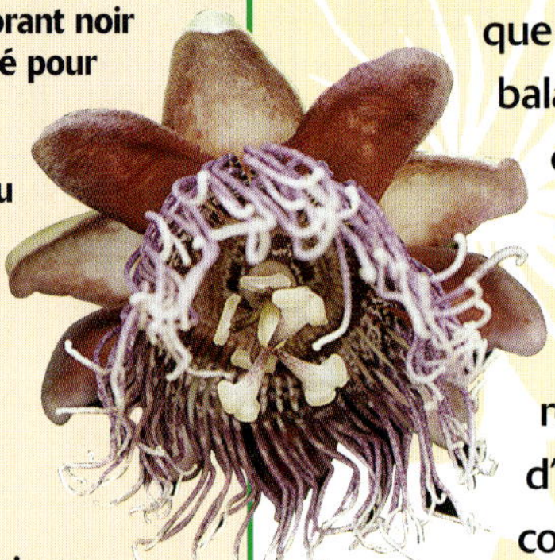

Une nuit à bord

Quand les jeunes de Raïatea, nos copains, sont venus à bord, Rainui nous a joué de la musique avec une sorte de guitare, l'ukulele. Nous les avons invités à dormir. À seize jeunes dans le bateau, nous étions serrés comme des sardines ! Nos invités parlaient sans cesse, ils ne voulaient pas dormir, Icaro râlait parce qu'il avait sommeil, et moi, en dessous de la table, je lançais des coussins sur tout le monde. Julien est sorti de sa cabine et nous a tous grondés. Mais nous, nous avions bien rigolé !

Renaud

Faaroa, la vallé

Au fond de la baie, profonde et encaissée, se jette une rivière venue des hauts plateaux de l'île. Nous sommes au mouillage à Faaroa, sur l'île de Raïatea. Sur les deux rives, au milieu des arbres, apparaissent des maisons colorées et un grand bâtiment blanc : le collège du village. C'est là que nous allons rencontrer les enfants. L'accueil est chaleureux, des liens se tissent très vite, et Henui invite Vera et Rianne à déjeuner chez elle, tandis que les garçons accompagnent Rainui en balade. Henui prend les filles par la main, les emmène jusqu'à un plant de tiaré au coin de sa maison, et cueille deux fleurs qu'elle leur glisse derrière l'oreille, en signe de bienvenue. C'est ici une coutume très répandue. En Polynésie, terre d'abondance, les fleurs, d'un bout à l'autre de l'année, éclairent de leurs vives couleurs les camaïeux verts de la forêt. Le climat leur est extrêmement propice.

Mais d'où viennent toutes ces plantes ?

C'est à Tahaa que nous menons l'enquête. Alain Plantier vit ici depuis près de quinze ans. Il est passionné par les plantes et nous raconte leur histoire. Avant que la Polynésie ne soit peuplée, 950 espèces végétales couvraient les flancs des îles, dont 600 étaient endémiques. Les Polynésiens, dans leurs pirogues, apportèrent près de 50 nouvelles espèces. Il s'agissait de plantes utiles à leur alimentation ou ayant une importance médicinale, vestimentaire ou cérémonielle. Les Occidentaux, à leur tour, introduisirent 1700 plantes supplémentaires en deux siècles.

Ces implantations posent parfois problème, car elles déséquilibrent l'ancien écosystème.

Revenus à Raïatea, nous retrouvons Rainui dans son *faapu*, le jardin

Raïatea partage son lagon avec Tahaa, une île plus petite. On les appelle «les îles sœurs».

des fleurs

potager de sa famille. Posant le panier empli de mangues qu'il est venu cueillir après l'école, il sort une feuille de sa poche et nous dit : «J'ai écrit un texte pour votre livre». Le voici : «Faa veut dire baie, et Roa longue, grande. Faaroa est peuplée d'une centaine de familles vivant de pêche et d'agriculture. Comme fruits, on trouve des ananas, des pamplemousses, des avocats, des citrons, des oranges, des corossols, des papayes, des mangues et, en grande quantité, des bananes de différentes variétés. On peut aussi avoir des légumes : taros, urus (fruits de l'arbre à pain), manioc, potiron, etc. Il y a encore le jasmin, l'hibiscus, le pandanus, le parasolier, le goyavier, les passiflores, le bancoulier. Et puis bien sûr, il y a la vanille. Faaroa a un collège et un centre pour jeunes adolescents. Tout le monde se connaît et s'entraide, à Faaroa. L'amitié règne.» Nous l'avons sentie, cette amitié, nous qui n'étions que de passage. Cette île a bien un petit air de paradis... Pourtant, nous savons qu'ici comme ailleurs, les enfants ne sont pas toujours respectés ni heureux. Ils vivent parfois des choses très difficiles, et nous avons décidé d'en parler.

La vanille

La vanille, originaire du Mexique et du Honduras, est une liane grimpante de la famille des orchidées. Dans ces pays, la fécondation des fleurs de vanille se fait naturellement, grâce à une variété d'abeilles qui ne vivent que là-bas. Au XVIe siècle, les Européens ont découvert la vanille et tenté de la cultiver sous serre, en important ces abeilles jusque chez

nous. Mais elles ne se sont pas adaptées : il n'y a donc pas eu pollinisation, et bien sûr, pas de gousse de vanille ! Trois siècles se sont écoulés avant qu'Edmond Albus, un esclave réunionnais de 11 ans, ne découvre la fécondation manuelle. Depuis, il y a des plants de vanille un peu partout dans le monde, mais je ne connais pas de gousses plus parfumées que les polynésiennes... Elles ont un petit plus, cette substance appelée héliotropine qui leur donne ce goût unique de réglisse qu'on ne se lasse pas de sentir !

Gouly

Henoui

Nous avons rencontré Sandy, plus connue sous son nom tahitien «Henoui». Elle a 14 ans, comme moi, et elle est en 4e. A bord, elle est très timide avec les garçons, surtout avec Icaro ! Henoui, c'est une «pure polynésienne». Cela se voit, quand elle partage sa vie avec nous, nous montre comment cuisiner les plantes et faire des couronnes de fleurs. Elle a pleuré lorsque nous avons quitté son île. Et deux semaines après, elle est venue à Tahiti juste pour nous voir. J'ai gardé précieusement son adresse.

Rianne

Le noni, ou *Morinda citrifolia*

Un jour, Rainui m'a apporté du noni, un fruit guérisseur qui possède des propriétés antibiotiques. Ce fruit, introduit par les Polynésiens, aide aussi à la cicatrisation des tatouages. Les Polynésiens en exportent 100 tonnes par mois aux États-Unis. J'ai gardé le mien, mais il s'est mis à sentir si mauvais que j'ai dû le jeter !

Alex

Notre corps

«Il y a de la violence sexuelle en Polynésie, mais il n'y en a pas plus qu'ailleurs. 10% de la population mondiale est abusée sexuellement, est victime d'inceste. C'est énorme. Mais il faut aussi regarder le côté positif, c'est à dire que 90% des enfants dans le monde sont heureux, ou à peu près heureux, mais en tout cas ne sont pas victimes de ce type d'abus.»

Elianne, de l'association Pipirima

Une jeune fille rencontrée au cours de notre voyage nous a raconté les violences sexuelles dont elle a été victime. Nous avons été bouleversés. Nous avons voulu transmettre son témoignage.
Les violences sexuelles sur les enfants sont un problème d'envergure mondiale. L'UNICEF estime qu'une personne sur dix a été ou est victime d'inceste ! Et ces chiffres ne comprennent pas tous les enfants entraînés chaque année sur le marché illicite du sexe. Entre la prostitution et la pornographie, ce marché représente une véritable industrie qui rapporte plusieurs milliards de dollars par an ! Chaque année, près d'un million d'enfants sont victimes de ce marché. Un million d'enfants sacrifiés, détruits. Il est donc très important que ce sujet ne soit plus tabou. Nous avons décidé d'en parler, le plus concrètement possible. Nous avons mené notre enquête, réfléchi, débattu. Nous avons rencontré plusieurs spécialistes : une ethnologue, une infirmière scolaire, la présidente d'une association s'occupant de la maltraitance. Nous leur avons posé plusieurs questions auxquelles ils ont répondu. Voilà le résultat de notre travail :

1 - Qu'est-ce que c'est exactement, une violence sexuelle ?

Les violences sexuelles peuvent être de trois types :
- l'atteinte à la pudeur, c'est forcer un enfant à se montrer nu ou se montrer nu devant lui sans qu'il en ait envie.
- l'abus sexuel, c'est lorsqu'un adulte profite du corps d'un enfant mais sans le violer.
- le viol, quand un adulte ou un mineur force quelqu'un à avoir une relation sexuelle avec lui. Il y a viol lorsqu'il y a pénétration sexuelle. Ce n'est pas facile de dire cela, mais c'est important d'expliquer exactement : tous les enfants doivent savoir précisément ce qui n'est pas normal.
L'inceste, c'est lorsqu'il y a des relations ou des violences sexuelles au sein de la famille. Un père va par exemple violer son fils ou sa fille, une grande sœur ou un grand frère son petit frère ou sa petite sœur. Il est important pour les enfants de savoir ce que c'est. Car n'importe qui peut se trouver victime de ces «malades», et même des enfants de trois ans peuvent être violés. Comme ils ne comprennent pas ce qui leur arrive, étant donné qu'ils ne connaissent rien à la sexualité, ils vont croire leurs parents, qui leur mentent en leur disant «C'est normal, tous les parents font ça à leurs enfants...» Ce qu'un enfant doit savoir, c'est que son corps lui appartient, qu'il existe des lois pour le protéger, qu'il a le droit de dire «non» !

Les progrès

À Stockholm, en 1996, un Congrès mondial contre l'exploitation sexuelle des enfants à des fins commerciales a abouti à l'adoption d'un Plan d'action. Il y a donc une prise de conscience internationale de l'ampleur du problème : c'est un premier pas. Des lois nationales et internationales existent, qui protègent les enfants et punissent leurs agresseurs.

nous appartient !

2 - Que se passe-t-il dans la tête d'un jeune victime de violences sexuelles ?

Un enfant a toujours confiance dans ses parents et dans les adultes, mais lorsque l'un d'entre eux rompt cette confiance en le violant, cela peut avoir des conséquences dramatiques pour l'enfant. Si le jeune ne reçoit pas très vite l'aide d'un autre adulte, il est alors «cassé». Il n'a plus confiance en aucun adulte, ne reçoit plus leur éducation, et n'a plus qu'un lien superficiel avec eux, il ne s'attache plus à personne. D'après le jeune qui nous a raconté son viol, une peur est désormais entrée dans sa tête, et elle est tellement forte que jamais plus elle n'en ressortira. Mais ce qui est encore plus dangereux, c'est que l'enfant victime risque de reproduire plus tard le même acte sur ses propres enfants… Il faut donc l'aider à soigner le traumatisme qu'il a subi.

3 - Que fait la justice ?

Depuis 1993, sur le territoire français, les enfants ont droit à un avocat personnel et gratuit. L'enfant n'a plus besoin qu'un majeur porte plainte à sa place, il peut le faire en son nom. Et si l'enfant ne peut pas ou ne veut pas le faire, la société civile doit le faire à sa place. En revanche, la victime doit porter plainte avant que dix années ne se soient écoulées après sa majorité. À Tahiti, la peine encourue est de dix ans de prison, et au tribunal de Papeete, les deux tiers des affaires jugées concernent les violences sexuelles et l'inceste ! Mais ici comme ailleurs, beaucoup de criminels restent impunis. Par exemple, l'agresseur de ce jeune qui a témoigné vit encore près de chez lui : il n'y a jamais eu de procès, bien qu'on ait porté plainte contre lui. La loi punit aussi ceux qui savent mais ne disent rien : c'est un cas de non-assistance à personne en danger. Lorsqu'on connaît quelqu'un qui est victime d'une violence sexuelle, il faut le signaler : c'est un devoir.

4- Que pouvons-nous faire ?

Tout d'abord, si nous, les jeunes, remarquons dans notre classe un camarade qui est très renfermé, qui ne réussit pas au niveau scolaire, qui arrive en cours régulièrement en retard et qui n'a pas d'amis, au lieu de le rejeter encore plus, il faut essayer d'alle un peu vers lui, de le connaître et de connaître son problème. Ensuite, si le jeune en question nous confie qu'il a bel et bien subi une quelconque violence sexuelle (ou une maltraitance : il a été frappé par exemple) et qu'il n'ose pas en parler, c'est à nous de prendre l'initiative, de contacter au plus vite l'infirmière du collège, nos profs de classe, les téléphones verts (S.O.S Enfance maltraitée), notre médecin ou l'assistante sociale… Nous avons le devoir de signalement. Les violences sexuelles peuvent concerner n'importe quel enfant, qu'il soit garçon ou fille, qu'il ait trois ans ou dix-sept ans. Cela peut arriver dans les pays les plus pauvres comme dans les pays les plus riches, dans les milieux défavorisés comme dans les milieux aisés. Soyons vigilants, pour nous mêmes et les autres jeunes qui nous entourent.

Madeleine
et Icaro

«Tout d'abord… ben voilà : je me suis faite violer par mon cousin, et c'était un dimanche. Je revenais de la messe, je suis arrivée à la maison, je ne savais pas qu'il était là. Je me suis changée et… par curiosité, il est venu me regarder. Il m'a dit : "Est-ce qu'on pourrait faire un petit coup, juste pour… pour rien du tout ?". Moi, je ne voulais pas, mais il m'a obligée à le faire. J'avais à peine neuf ans. Il a commencé à monter sur moi, et j'ai commencé à avoir peur. Plus il se rapprochait de moi, plus mes larmes coulaient. J'ai senti de la haine. La haine en moi. Et la peur. La peur qui me montait jusqu'au cerveau. Et là, je me suis dit que cette peur qui était en moi n'allait jamais partir. Elle va toujours rester. Et elle est toujours là. Dans ce village, il n'y a pas que moi qui ait eu ce problème-là. Chers amis du monde, j'aimerais vous dire de faire attention, parce que je n'aimerais pas qu'il vous arrive la même chose qu'à moi. Parce que j'ai beaucoup souffert. Et je n'ai pas envie que vous souffriez comme moi j'ai souffert. D'ailleurs, j'aimerais dire quelque chose aux enfants qui se sont fait violer. Ne gardez pas les choses en vous, et essayer d'en parler.»

Marie

(Par discrétion, nous avons changé le nom de la personne concernée.)

En France, plusieurs centres viennent d'être ouverts pour soigner, physiquement et psychiquement, les enfants victimes de violences sexuelles. Des émissions télévisées, des livres ont permis de lever le silence qui pèse toujours sur ce problème tabou, et les jeunes ont de moins en moins peur de parler. Des associations se créent, pour défendre les Droits de l'Enfant.

Nous, enfants, nous

Quelques chiffres

- Dans le monde, un enfant sur trois ne mange pas à sa faim. 180 millions d'enfants souffrent de malnutrition.
- Une personne sur cinq dans le monde n'a pas accès à l'eau potable.
- 250 millions d'enfants âgés de 5 à 15 ans travaillent, c'est-à-dire un enfant sur quatre. Et cela arrive même en Europe : en Italie, ils seraient plus de 500 000, au Portugal 200 000, en Allemagne 300 000... Cela met en danger leur santé, leur développement physique et intellectuel.
- 130 à 200 millions d'enfants dans le monde n'ont toujours pas la possibilité d'aller à l'école.
- Dans certains pays d'Afrique, d'Asie ou d'Amérique du Sud, les fillettes sont souvent moins bien soignées, moins bien nourries, et vont moins à l'école que les garçons.

Voilà plus d'un an que nous sommes partis, et l'expédition «Les Enfants de l'an 2000» est devenue une réalité, un voyage dans notre monde contemporain. Au fil des escales, nous avons fait la connaissance de nombreux jeunes, de beaucoup d'enfants. S'ils ne vivent pas tous la même réalité, ils ont tous les mêmes droits. Ces droits, ce sont les Droits de l'Enfant, extraits d'une Convention approuvée à l'unanimité par l'ONU, le 20 novembre 1989.

1- Le droit à la vie

Les enfants doivent profiter des meilleures conditions pour leur développement, manger à leur faim, avoir un toit qui les protège.

2- Le droit à la santé

Si l'enfant est malade on doit lui donner des soins et des médicaments. Si l'enfant est handicapé, il doit recevoir des soins spéciaux.

3- Le droit à l'éducation

Les enfants doivent tous pouvoir apprendre à lire et à écrire. Ils ont aussi droit aux loisirs et aux activités culturelles et artistiques.

4- Le droit à la famille

**L'enfant a le droit de vivre avec ses parents sauf si son intérêt est contraire,
Et s'ils sont séparés, éloignés, il doit pouvoir maintenir
des relations avec l'un et l'autre.**

5- Le droit à la protection contre le racisme

**et toutes les formes de discrimination
Les enfants ont les mêmes droits, sans distinction d'origine, de couleur, de sexe, de langue, de religion, d'opinion.**

6- Le droit à la protection contre l'exploitation sexuelle et la maltraitance

Tout enfant doit savoir que son corps est à lui, que tout adulte doit le respecter. Personne ne peut l'acheter, le vendre, lui faire subir des violences. Personne, pas même son père ou sa mère.

- Des millions d'enfants n'ont pas les mêmes droits que les autres uniquement parce qu'ils n'ont pas la même couleur de peau, la même religion, etc.
- Les mauvais traitements : en France, l'UNICEF estime qu'environ «50 000 enfants de moins de 6 ans sont en danger ; 15 000 d'entre eux seraient victimes de mauvais traitements ; 300 à 600 en mourraient chaque année».
- Les enfants et la guerre : dans le monde, on peut compter entre 200 000 et 300 000 enfants soldats. Au cours de la dernière décennie, 2 millions d'enfants sont

avons des droits !

En 1996, 187 États sur 193, c'est-à-dire presque la totalité des États de la planète, se sont engagés à faire respecter ce texte de loi. Ces droits, ce sont les tiens, ceux de tous les enfants et de tous les jeunes de moins de 18 ans. Les connais-tu ?

7- Le droit à la protection contre l'exploitation dans le travail

L'enfant ne doit pas faire un travail qui mette en danger sa santé, son développement, sa scolarité ; en dessous d'un certain âge, il ne doit pas du tout travailler.

8- Le droit à la protection contre la guerre et la privation de liberté

Aucun enfant ne doit faire la guerre ; aucun enfant ne peut être torturé, condamné à mort, emprisonné à vie... La mesure éducative doit primer sur la prison.

9- Le droit à une identité culturelle et religieuse

L'enfant est une personne à part entière, il doit pouvoir choisir et pratiquer sa religion, ou choisir de ne pas en pratiquer, utiliser sa langue maternelle, conserver sa culture, avoir sa liberté de penser.

10- Le droit à l'expression

L'enfant a le droit de prendre la parole sur tout ce qui le concerne, dans sa famille, à l'école, en justice, lorsque son intérêt est en jeu. Il a aussi le droit de créer une association ou d'y adhérer.

morts de la guerre, 6 millions ont été gravement mutilés ou blessés à vie, 12 millions se sont retrouvés sans abri, 1 million orphelins, et 10 millions traumatisés psychologiquement.

Les progrès

- En 1960, un milliard d'hommes souffraient de la faim. Aujourd'hui, ils sont 800 millions, alors que la population mondiale a presque doublé. Proportionnellement, moins de gens souffrent de la faim.

- L'unicef et l'OIT (Organisation Internationale du Travail) s'efforcent d'éliminer le travail des enfants dans un certain nombre de pays, en apportant des aides financières qui leur permettent de quitter l'usine ou la mine et de recevoir une éducation scolaire de base.

- L'enrôlement forcé d'enfants de moins de quinze ans dans l'armée est aujourd'hui considéré

comme un crime de guerre. Les anciens enfants soldats sont parfois aidés pour leur réinsertion dans la société (soutien psychologique, scolaire, etc.)

Bilan de no

«J'aimerais que l'on m'aide à apprendre. Ma seule école, c'est la pêche.»
Babocar, Mauritanie

L'existence d'une Convention des Droits de l'Enfant ne signifie pas que la situation des enfants dans le monde se soit partout vraiment améliorée. Même en Occident, il reste encore des enfants vivant dans une situation de pauvreté : 5% en Europe occidentale, 10% en Australie, Canada et Grande-Bretagne, 20% aux États-Unis...

«J'apprends à utiliser les armes depuis que j'ai 8 ans.»
Ernesto, Cuba

«Pourquoi est-ce que je dois avoir peur d'être encore violée?»
«Marie», Polynésie française

Les enfants ne sont l'avenir du monde que si, vivant leur enfance dans le respect des droits qui sont les leurs, ils ont de leur côté toutes les chances de devenir des adultes équilibrés. Qu'est-ce qu'un adulte équilibré ? C'est une personne en bonne santé, qui n'a pas subi de traumatismes tels dans son enfance qu'elle soit inadaptée à la vie en société ou incapable d'entretenir des rapports pacifiques avec ses semblables. C'est aussi quelqu'un qui a reçu une éducation lui donnant les moyens de comprendre le monde, et donc d'agir.

Sais-tu qu'il y a des dizaines de millions d'enfants qui ne mangent pas à leur faim, qui travaillent, qui ne vont jamais à l'école, ou qui ne connaissent que la guerre ? Ces enfants-là, si rien ne change, ne pourront jamais construire le monde du XXIe siècle.

En effet, comment pourraient-ils penser aux autres, avoir des idées pour améliorer le fonctionnement de notre planète, se battre pour des causes généreuses, si leur vie est une lutte pour survivre, si leur premier souci quotidien est de trouver de quoi manger et où passer la nuit ?

Ce n'est pas notre cas, ni le tien. Tu vis dans un monde sans guerre, tu manges à ta faim, le médecin vient te voir lorsque tu es malade, tu vas à l'école et tu tiens ce livre entre les mains. Tu peux donc prendre le temps de rêver, et de penser à ton avenir. Peut-être te demandes-tu parfois : «Que vais-je faire de ma vie ?». Nous aussi, sur *Fleur de Lampaul*, où nous ne manquons de rien, nous nous posons cette question. Et

Le travail des enfants

Depuis quelque temps, nous nous sommes plongés dans le thème des Droits de l'Enfant et plus particulièrement du travail des enfants. Ce que j'ai lu m'a choquée. J'ai commencé à réfléchir... Mais oui ! En Mauritanie, cela coule de source qu'un garçon de neuf ans aille à la pêche toute la journée, et qu'une fillette de huit ans fasse tout l'entretien de la maison. N'est-ce pas aussi du travail d'enfant ? ! Oui, même si ce n'est pas comme dans certaines fabriques de tapis en Inde, ou dans d'autres usines, partout ailleurs dans le monde... Nous avons eu une idée : pour se rendre compte de ce que l'on consomme, être certain de ce que l'on consomme, on pourrait généraliser le label «N'est pas fabriqué par des enfants», qui existe déjà pour certains produits. Qu'en pensez-vous ?

Vera

rencontres...

nous nous sommes dit que nous pourrions peut-être consacrer un peu de notre temps, de nos rêves et de notre avenir à aider ces enfants qui n'ont ni loisir, ni rêve, ni avenir.
Qu'en penses-tu ? Il existe beaucoup de moyens pour changer leur vie et leur donner les clefs d'un futur meilleur.
Par exemple, des associations ou des ONG (Organisations Non Gouvernementales) organisent des parrainages ou financent des actions en faveur des enfants démunis, en Europe ou ailleurs dans le monde. Si nous pouvons le faire, parrainons un enfant qui en a besoin !

«Le pays est sec, alors on ne peut plus rien faire pousser à manger. Parfois, j'ai faim.»
Antonio, Cap-Vert

«Je veux apprendre ma propre langue et pratiquer ma propre culture.»
Erwin,
Guyane française

Pourquoi moi ?

Je me pose souvent cette question : pourquoi ai-je la chance de vivre si confortablement ? Pourquoi suis-je née là où je suis née ? Ai-je fait quelque chose pour mériter ça, ou ont-ILS fait quelque chose pour ne pas le mériter ? Quand je dis «ILS», je parle de tous ceux sur terre qui souffrent, qui sont maltraités, dont les droits sont déniés. J'ai trois sœurs alors qu'ILS n'ont personne pour prendre soin d'eux. J'ai deux parents qui s'aiment quand ILS sont orphelins.
Je reçois une éducation secondaire, alors qu'ILS n'ont même pas accès à une éducation de base. J'ai le choix pour le petit déjeuner, le déjeuner et le dîner alors qu'ILS n'ont même pas d'eau potable ni un apport alimentaire suffisant. J'ai régulièrement des vacances alors que le seul moment où ILS cessent de travailler, c'est pour dormir. Toutes ces choses ne devraient pas arriver, ou pourraient être évitées. Qui ou quoi fait que j'ai plus alors qu'ILS n'ont rien ? Dans le fond, je ne peux pas savoir pourquoi moi je suis née là et pas EUX, et personne ne peut me répondre. Mais puisque c'est ainsi, je veux faire que chaque expérience, chaque moment de ma vie m'aide à trouver la raison pour laquelle je suis là. Peut-être est-ce, justement, faire quelque chose pour ceux qui n'ont pas ce que j'ai.

Rianne

Tahiti, cœur

Un TOM, Territoire d'Outre-Mer, est une collectivité territoriale de la République française. Créés en 1946, les TOM sont au nombre de quatre : Wallis-et-Futuna, la Polynésie française, la Nouvelle-Calédonie, les Terres Australes et Antarctiques françaises. Contrairement aux DOM, Département d'Outre-Mer, ils bénéficient d'une autonomie interne. Le TOM de Polynésie française comprend cinq archipels : les Marquises, les Tuamotu, les Gambier, les Australes et les îles de la Société.

Quel étonnement, après des semaines passées dans des îles isolées, de trouver à Tahiti une grande ville, avec des immeubles, une circulation difficile et des magasins à profusion ! Papeete est le cœur économique de la Polynésie française, et Tahiti regroupe près de la moitié de la population des archipels, soit 150 000 habitants ! Mais il n'en a pas toujours été ainsi. À l'arrivée des Européens, en 1767, Papeete n'existait pas encore. En 1818, un pasteur anglais, Crook, fonda ce qui n'était encore qu'un petit village.

Au XVIIIe siècle, sept grandes chefferies se partageaient le pouvoir sur Tahiti, mais les Européens favorisèrent la domination d'un chef : Pomare. Il créa une véritable monarchie. Son fils, Pomare II, se convertit au christianisme, ouvrant ainsi la voie à l'installation de la religion chrétienne et des Européens. La bible fut traduite en tahitien, et des écoles missionnaires commencèrent à s'ouvrir. L'enseignement s'y faisait en tahitien. À partir de 1842, Tahiti, les Tuamotu et les Marquises furent placés sous Protectorat français. Dans ce protectorat, la France s'engageait à respecter le gouvernement et les lois tahitiennes. Mais très rapidement, les Français imposèrent leurs propres lois. Parallèlement, à partir de 1855, une école laïque fut ouverte dans chaque district. Les cours étaient désormais donnés en français... En 1880, Pomare V céda ses possessions à la France et les îles devinrent, l'année suivante, une colonie française : les EFO, Etablissements français d'Océanie. Dès lors, le pouvoir fut entre les mains d'un gouverneur de la métropole, et les Polynésiens perdirent tout contrôle sur leurs îles. Seules les îles sous le Vent résistèrent jusqu'en 1897 à l'occupation française.

Le Tiaré

Quoiqu'il y ait des centaines d'espèces de fleurs en Polynésie française, la plus connue et la mieux aimée est la fleur de Tiaré. Le Tiaré est l'emblème de Tahiti, tout le monde en donne à l'arrivée à l'aéroport, il est même gravé sur les canettes de bière tahitiennes. Une très ancienne tradition veut qu'à la naissance d'une fille, la famille plante un arbre de tiaré. Malheureusement si je voulais en planter en Irlande, il faudrait que la température s'élève de quelques degrés... Zut !

Lisa

Retour à la ville !

Hier soir, vers minuit, nous entrions dans le port de Papeete. Ça avait l'air splendide, avec des milliers de lumières, et une odeur de tiaré... Mais ce matin, en montant sur le pont, j'ai entendu des voitures, vu des immeubles, des chantiers, des cargos. Bref, en fait, c'est une vraie ville, la première depuis trois mois... !

Simon

de la Polynésie

Aujourd'hui, on trouve des maternelles, des écoles primaires et des collèges dans tous les archipels. Mais les lycées n'existent qu'aux îles de la Société. Depuis 1996, le Territoire décide de l'enseignement du 1er et du 2e degrés, mais les programmes universitaires restent de la compétence de l'Etat français. Dans le primaire, une place est peu à peu redonnée aux langues autochtones

En 1946, les EFO deviennent des TOM, Territoires d'Outre-Mer. Les Polynésiens sont désormais considérés comme des citoyens français, ils sont représentés par un député à l'Assemblée nationale. En 1947 naît le premier parti politique tahitien, le RDPT. Pouvanaa a Oopa, son dirigeant, prône la lutte contre le colonialisme et «l'océanisation des cadres», c'est-à-dire que le pouvoir politique et administratif revienne aux Polynésiens, et non aux métropolitains qui l'exercent majoritairement. Il est très populaire parmi les Polynésiens.

À partir des années 1960, l'histoire de la Polynésie française s'accélère, elle entre brutalement dans le monde moderne de la consommation et de la communication internationale. Un aéroport international est construit à Faaa, sur Tahiti, et rend plus accessible ce TOM auquel on n'arrivait jusqu'alors que par bateau. Et surtout, en 1962, c'est le début des essais nucléaires dans l'atoll de Moruroa. Le CEP, Centre d'Expérimentation du Pacifique, s'installe en Polynésie. Cela signifie qu'énormément d'argent arrive d'un seul coup en Polynésie, et modifie peu à peu le mode et le niveau de vie des nombreuses personnes employées par le CEP. Les essais nucléaires, d'abord réalisés à l'air libre, puis sous l'eau, ne s'arrêtèrent qu'en 1996. L'avenir économique de la Polynésie française repose désormais sur la perliculture et le tourisme. La culture traditionnelle, remise à l'honneur, devient un instrument du développement économique. La Polynésie française accède en 1984 à l'Autonomie interne. Cela signifie qu'elle dirige elle-même ses affaires, dans l'économie, l'éducation, le commerce, la culture, tout en restant française. La sécurité et les relations diplomatiques avec les autres pays relèvent encore de l'État français.

La beauté sauvage des îles polynésiennes a de tout temps frappé les imaginations des Occidentaux qui les ont visitées. Les récits publiés au XVIIIe siècle par les circumnavigateurs comme Bougainville, Cook, ont fait connaître Tahiti au monde entier. Puis, pendant deux siècles, ces îles ont continué à fasciner de grands écrivains et artistes, comme Robert Louis Stevenson, Herman Melville, Victor Segalen ou Jacques Brel. L'art polynésien lui-même, et marquisien en particulier, a inspiré plus d'un artiste occidental : Paul Gauguin, bien sûr, qui mourut aux Marquises, mais aussi Picasso... Tous ont contribué à la naissance du mythe exotique des «îles des mers du Sud».

Du TOM au POM ?
Un projet de réforme du statut de la Polynésie française est sur le point d'être présenté au Conseil des Ministres du gouvernement français. Cette réforme, qui donnerait plus d'indépendance au Territoire, en ferait un «Pays d'Outre Mer» aux compétences élargies, et instituerait une citoyenneté polynésienne. Ce projet devrait être effectif d'ici un an.

Schjetman Reef
(E. D.)
Johnston I.
10,000
15,000
C
I
10,000
Reefs
(E. D.)
sland
ilbert
slands
(British)
Winslo
ice
lands
British)
Nurakita
Robbie
Reef
Adolph Bank
Isabella Bank
Rotuma I.
(British)
Danger Is.
Nassau I.
Taviuni Bank
15,000
P
Uea I.
O
Apia
L
Y
Suvaro
(Britis
Horne Is.
SAMOAN IS.
Rose I.
anua Levu
Niuatobutabu

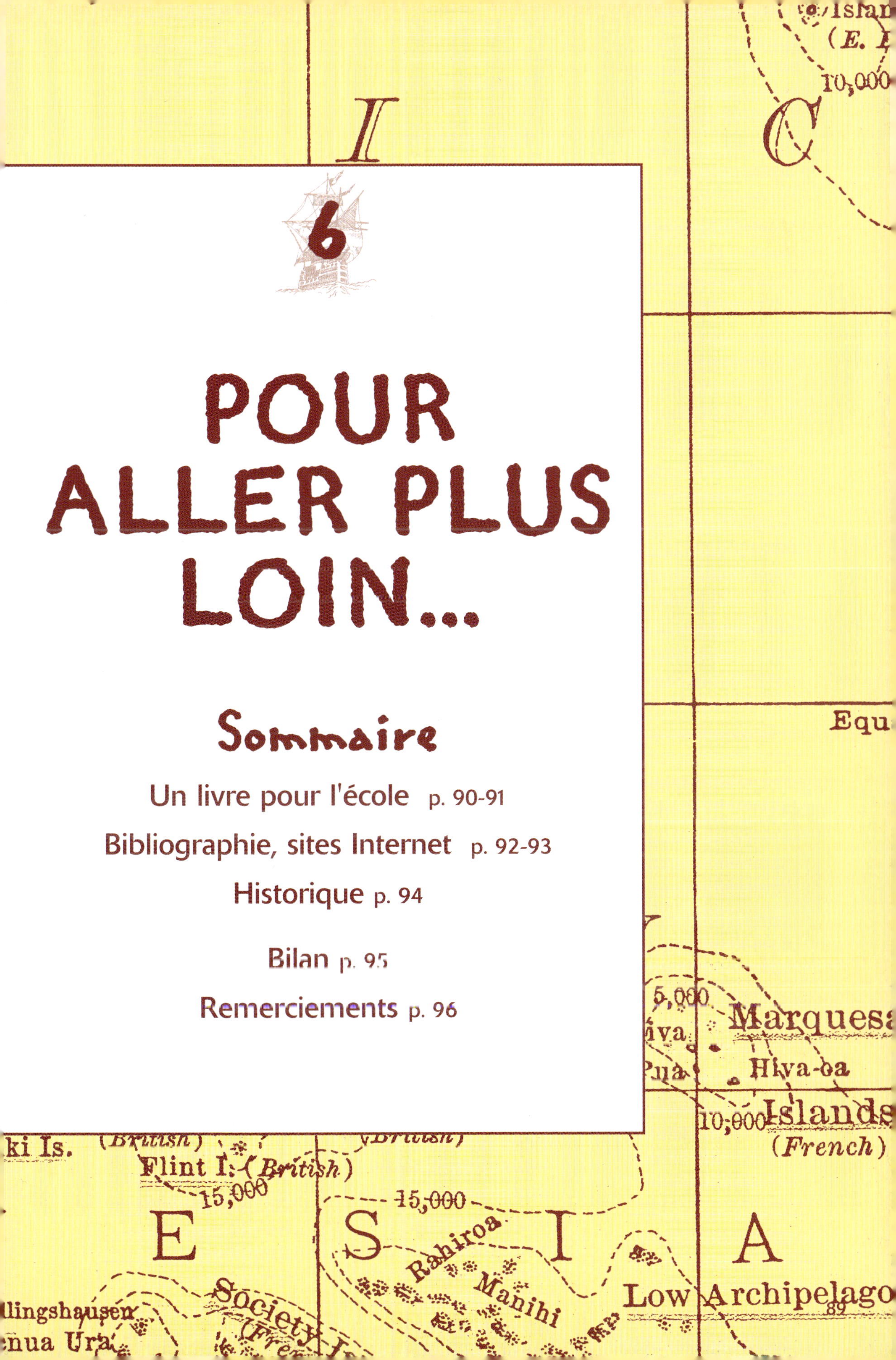

6

POUR ALLER PLUS LOIN...

Sommaire

Un livre pour l'école p. 90-91

Bibliographie, sites Internet p. 92-93

Historique p. 94

Bilan p. 95

Remerciements p. 96

«FLEUR DE LAMPAUL» À L'ÉCOLE

Si les jeunes embarqués à bord de la *Fleur* vivent une aventure extraordinaire, ils n'oublient pas tous les autres enfants qui n'ont pas cette chance. L'un des objectifs essentiels de l'opération «les enfants de l'an 2000» est de faire partager leurs découvertes et leurs émotions avec les enfants du monde entier, en particulier dans le cadre de l'école.

Au cours de l'expédition, les jeunes marins reporters mènent des enquêtes sur des thèmes très variés, dans les domaines des sciences de la vie et de la terre, de l'histoire ou de la géographie. Ils s'intéressent particulièrement aux écosystèmes et aux relations entre les hommes et leur environnement. Ces enquêtes sont conçues pour servir de support à des activités pédagogiques. Les thèmes abordés à chaque étape correspondent en effet à des points précis du programme du cycle 3 de l'école élémentaire ou du collège. La vie des jeunes à bord peut également être l'occasion d'aborder des questions relatives à l'instruction civique : respect de soi et des autres, règles de vie d'une communauté, etc.

La lecture d'un chapitre du livre peut être complétée en classe par des séquences des films qui sont tournés tout au long de l'expédition (diffusion La Cinquième et Canal J). D'autres informations sont également disponibles sur le site Internet de la *Fleur* :

www.fleurdelampaul.com

Des classes suivent l'expédition sur Internet, ce qui leur permet non seulement d'aborder l'un ou l'autre de ces thèmes, mais aussi d'effectuer un apprentissage de ce nouveau moyen de communication.

Thèmes abordés dans ce volume

Navigation, vie du bord

● **Géographie**
Les anciens navigateurs polynésiens ont traversé le Pacifique à bord de leurs grandes pirogues, sans l'aide d'aucun instrument de navigation. Ils se repéraient le jour grâce aux directions des houles et des vents et, la nuit, avec la position des étoiles.

Rapa Nui, l'île de Pâques

● **Sciences de la vie / Géographie / Histoire**
L'histoire de la colonisation de l'île de Pâques par les anciens Polynésiens est celle d'une destruction presque totale de leur environnement. C'est un exemple fascinant qui permet de comprendre comment l'exploitation incontrôlée des ressources naturelles aboutit à transformer une île couverte de forêts en une terre inhospitalière.

Marquises

● **Histoire / Géographie**
L'histoire du peuplement des îles du Pacifique par des navigateurs venus d'Asie, puis de la colonisation des îles par les Européens. Ce thème est également abordé dans le chapitre 1 (le «triangle polynésien») et dans le chapitre 5 (îles de la Société).

Tuamotu

● **Géographie /Sciences de la vie**
Le cocotier occupe une place très particulière dans l'éventail des plantes cultivées du monde entier. C'est l'un des rares arbres (avec le palmier à huile) à fournir un élément essentiel de notre alimentation, l'huile, de manière compétitive avec des plantes cultivées annuelles.

● **Géographie /Sciences de la vie et de la Terre**
La formation des atolls a demandé la conjonction de deux grands phénomènes : le volcanisme océanique et la construction de récifs par des organismes vivants, les coraux. Leur colonisation par les plantes et les animaux est limitée par leur isolement, ce qui explique leur faible diversité.

● **Géographie /Sciences de la vie**
La culture des nacres perlières est un exemple original d'élevage. Plus que pour les élevages intensifs d'animaux domestiques, cette activité réunit biologie, écologie et économie.

● Sciences de la vie
Protégeant les côtes de l'action des vagues, source de nourriture pour les poissons du large, les récifs coralliens jouent un rôle important, souvent méconnu, dans l'écologie des océans. Pour comprendre leur place dans l'écosystème, il faut étudier de plus près comment vivent les polypes, éléments de base de ces immenses colonies animales.

Îles de la Société

● Éducation civique
Tout au long du voyage de Fleur de Lampaul, les rencontres avec les enfants des îles montrent que leurs droits ne sont pas toujours respectés. À l'occasion d'une enquête sur la situation des enfants à Tahiti, les jeunes de la *Fleur* rappellent la liste des Droits de l'Enfant, tels qu'ils ont été approuvés à la quasi-unanimité par l'ONU, puis vite oubliés...

Parties du programme de l'école élémentaire (cycle 3) abordées dans ce livre

Sciences et technologie

Unité et diversité du monde vivant
Le ciel et la Terre
Séismes et éruptions volcaniques
Informatique

Histoire et géographie

Les temps préhistoriques
Les Grandes Découvertes
La France dans le monde

Géographie

Le globe : continents et océans, zones climatiques, pays riches et pays pauvres
La place de la France dans le monde

Éducation civique

Respect de soi. Respect de l'autre.
Le devoir de responsabilité : problèmes liés à l'environnement et aux atteintes qu'on lui porte...

Sciences de la vie et de la terre

6e Notre environnement
- Les caractéristiques de notre environnement
- Diversité, parenté et unité des êtres vivants

L'organisation du monde vivant
- Le peuplement d'un milieu
- Les relations alimentaires

Des pratiques au service de l'alimentation humaine
- Un élevage ou une culture

4e Des êtres vivants dans leur milieu
- Reproduction sexuée et pérennité des espèces dans les milieux

La «machine Terre»

Histoire

5e La naissance des temps modernes
- L'Europe à la découverte du monde
- Les grands voyages de découverte terrestres et maritimes

4e L'Europe et son expansion au XIXe siècle (1815-1914)
- Le phénomène colonial

Géographie

6e Les grands repères géographiques du monde
- la répartition de la population mondiale
- Les grands domaines climatiques et biogéographiques

Éducation civique

6e Les droits et les devoirs de la personne
Responsabilité vis-à-vis du cadre de vie et de l'environnement

5e La dignité de la personne

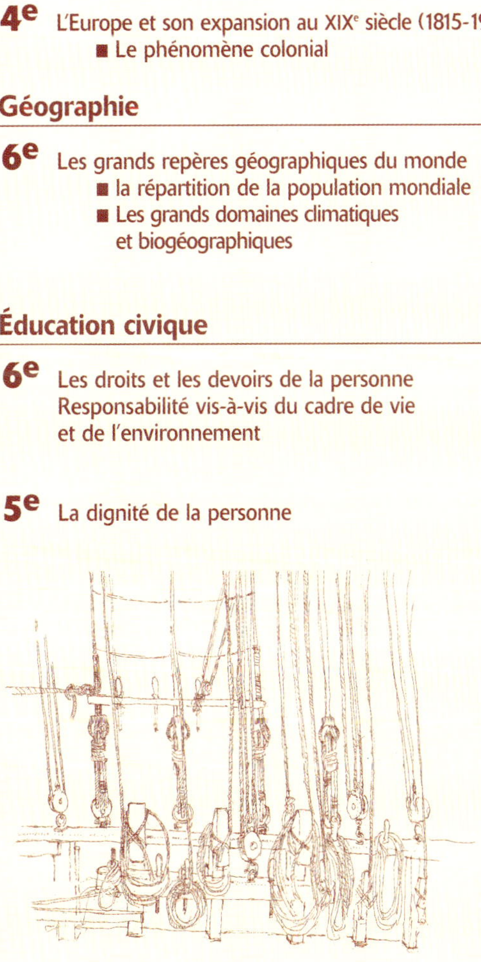

LIVRES

Île de Pâques

***Des dieux regardent le ciel*, Catherine et Michel Orliac**, Découvertes-Gallimard, 1993
***L'île de Pâques*, Alfred Métraux,**
***L'expédition du Kon Tiki*, Thor Heyerdhal,**
***Récit d'un aspirant de la Flore*, Pierre Loti,**
***L'île de Pâques, la mémoire retrouvée*, Pierre Branche et Yves Gellie**, Editions Casterman, 1994

Marquises

***Taïpi*, Herman Melville**, Editions Gallimard, Collection Folio, 1952
***Dans les mers du Sud*, Louis Robert Stevenson**, Editions Gallimard, Collection Folio
***Hiva Oa, images d'une mémoire océanienne*, Pierre et Marie-Noëlle Ottino,**
Centre Polynésien des Sciences Humaines, Département Archéologie, 1991
***L'Archipel des Marquises*, Émmanuel Deschamps et Paule Laudon**, Les Éditions le Motu, 1994

Tuamotu

***Dans les mers du Sud*, Louis Robert Stevenson**, Éditions Gallimard, Collection Folio
***L'atoll*, Jean-Louis Saquet**, Éditions Polymages-Scoop, Collection Survol, 1995

Îles de la Société

***Les Immémoriaux*, Victor Segalen**, Éditions Plon, collection Terre Humaine, 1956
***Voyage autour du monde*, Bougainville**, Éditions Gallimard, Collection Folio
***Iles de la Société et TAHITI*, Christian GleizalL**, Guides Gallimard, 1995

Polynésie française, Océanie

***Un voyage en Océanie*, Jean-Claude Guillebaud**, Éditions du Seuil 1980
***Sur des mers inconnues, Bougainville, Cook, Lapérouse*, Étienne Taillemite,**
1987, Découvertes-Gallimard
***Tereraa, Voyages et peuplement des îles du Pacifique*, Éric Conte,**
Éditions Polymages-Scoop, Collection Survol, 1992
***Les Argonautes du Pacifique occidental*, B. Malinowski**
***Mœurs et sexualité en Océanie*, Margaret Mead**

Les droits de l'enfant

***Le premier livre de mes Droits de l'Enfant*,**
Alain Serres et PEF,
Éditions Rue du Monde, 1999
***Le Grand Livre des Droits de l'Enfant*,**
Alain Serres et PEF,
Éditions Rue du Monde, 1999
***C'est le droit des Enfants !*,**
Dominique Dimay,
Éditions Actes Sud Junior, 1999
***Les Droits de l'Enfant expliqués aux 11/15 ans*,** Éditions PEF/UNICEF
***Des enfants et des lucioles*, M. Bonnet,**
Éditions Contre-Allée
***Petits d'Hommes*, P-J. Rey,**
Éditions Albin Michel (photos et texte intégral de la Convention)

Associations pour les droits de l'enfant

- **Comité français pour l'UNICEF**
  3, rue Duguay-Trouin
  75 282 PARIS CEDEX 06
  Tél : 01 44 39 77 77
- **Enfance et Action**
  Le Guesnay - Berville14 170
  Saint Pierre sur Dives
- **Enfants du Mékong**
  Rue de la Comète, Asnières
  Tél : 01 47 91 00 84
- **Secours Populaire français**
  01 42 85 16 32
- **S.O.S Enfance maltraitée**
  Numéro Vert (gratuit) : 119
- **Enfance et Partage (violences sexuelles)**
  Numéro Vert (gratuit) : 0 800 05 12 34

SITES INTERNET

Navigation traditionnelle

http://leahi.kcc.hawaii.edu/org/pvs/

Site de la Polynesian Voyaging Society. Des informations très détaillées sur la construction des canots polynésiens et les techniques traditionnelles de navigation. Le site est également consacré aux voyages effectués par le Hokulea dans toute la Polynésie (en anglais).

Rapa Nui, l'île de Pâques

http://www.netaxs.com/~trance/rapanui.html

Un site consacré à l'île de Pâques et son histoire, la langue et l'écriture mystérieuse de ses anciens habitants, avec des chants rapa nui (en anglais).

http://www.mc.maricopa.edu/academic/cult sci/anthro/losttribes/eastersend.html

Une description passionnante, très détaillée, de l'histoire de la destruction de l'île par ses habitants, basée sur les études des archéologues (en anglais).

Marquises

http://www.hawaii-nation.org/canoe/

Sur les plantes importées par les premiers navigateurs, parmi lesquelles l'arbre à pain (en anglais).

Tuamotu

http://www.environnement.gouv.fr/ifrecor/domtom/fptdmf.htm

Un site de l'IFRECOR (Initiative Française sur les Récifs Coralliens) sur l'état de l'environnement marin en Polynésie française, en particulier aux Tuamotu (en français).

http://perso.club-internet.fr/flageulo/

Un site consacré au cocotier. Beaucoup d'informations et de liens utiles (en français).

Îles de la Société

http://www.multimania.com/polynesie/

Un site personnel bien documenté, sur l'histoire et la culture du peuple polynésiens ainsi que sur la faune et la flore des îles (en français).

http://www.unicef.org/french/crc/

Les pages de l'UNICEF sur les droits de l'enfant (en français).

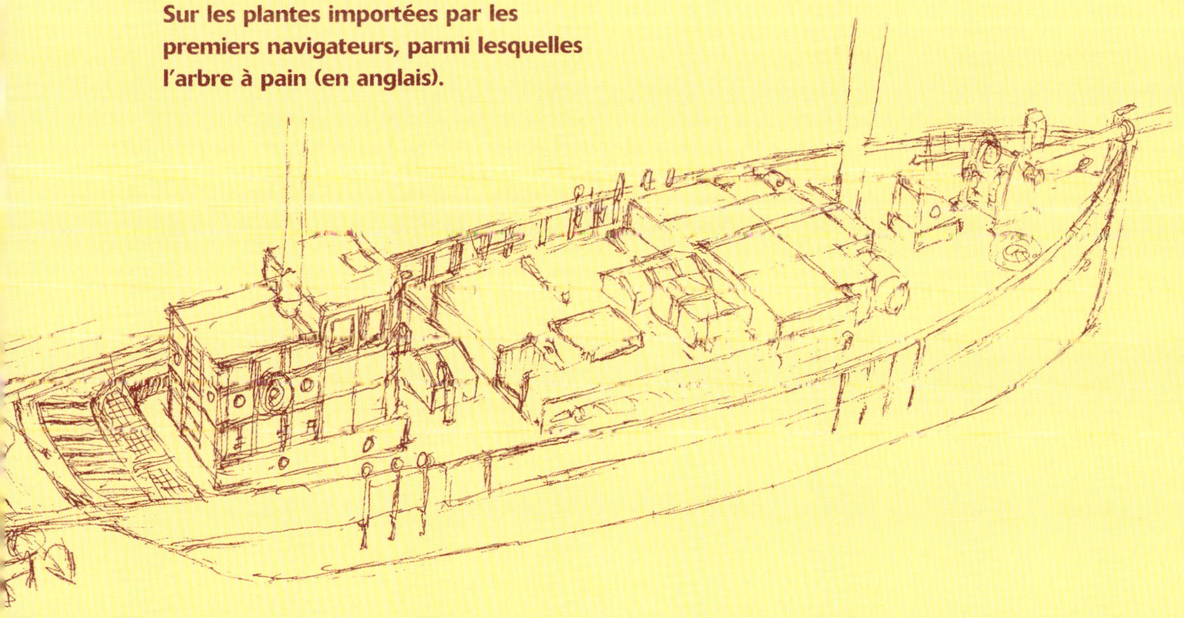

HISTORIQUE ET ÉQUIPEMENT

1 - L'histoire originale d'un bateau pas comme les autres.

1948-1984 : L'histoire

Fleur de Lampaul est née un jour de printemps. Le 9 avril 1948, elle sort des chantiers Keraudren de Camaret, pour le compte de la famille Le Guen. *Fleur de Lampaul* est l'une des dernières gabares construites après guerre. Sa coque en chêne est solide, c'est un bateau simple et efficace. D'abord utilisée pour le transport du sable qui servait à la reconstruction de l'Arsenal de Brest, *Fleur de Lampaul*, à partir des années 50, fait de plus en plus de cabotage : dans sa vaste cale, Yves Le Guen charge les marchandises les plus diverses. Du sel de Noirmoutier, des oignons, des pommes de terre pour ravitailler Ouessant, Molène ou l'Angleterre... Puis les années passent. La *Fleur* évolue : en 1950, elle est dotée d'une timonerie et vers 1954, d'un moteur de 120 CV (encore en place aujourd'hui) plus puissant que celui d'origine. Les voiles les plus difficiles à manœuvrer sont progressivement supprimées. Yves Le Guen prend sa retraite et met *Fleur de Lampaul* en vente. En 1975, François Bescond le rachète. Il est sablier, et utilise la *Fleur* pendant huit ans. Elle est ensuite désarmée sur une vasière pendant deux ans, destinée sans doute à disparaître comme tant d'autres anciens caboteurs à voile. Mais...

1985-1987 : La restauration

Fleur de Lampaul est rachetée par Charles Hervé-Gruyer (notre Charlie d'aujourd'hui...) pour être restaurée. Après trente-sept ans de bons et loyaux services, il est loin le temps de la splendeur ! Convoyée à Noirmoutier, où auront lieu tous les travaux pendant un an demi, *Fleur de Lampaul* est nettoyée et peu à peu remise en état. Toute la restauration est faite par une équipe de jeunes sans véritables compétences. Les anciens viennent à leur secours. C'est une période rude, mais elle porte ses fruits : le 30 avril 1987, presque quarante ans après son lancement, *Fleur de Lampaul* déploie toute sa voilure retrouvée et rejoint enfin les eaux bleues du grand large...

1987-2...? : Le voilier océanographique des enfants

Une nouvelle vie commence pour *Fleur de Lampaul* : la vieille gabare devient le bateau des enfants.
De 1987 à 1991 : trois expéditions mettent le cap sur Madère, les Canaries et les Açores avec plusieurs équipages d'enfants. Voyages d'aventures au pays des baleines, qui donnent peu à peu le ton : la mission de la *Fleur* sera pédagogique.
En 1992, nouveau tournant : *Fleur de Lampaul* part pour deux années, faire le tour de l'océan Atlantique et rencontrer des peuples oubliés, parmi les derniers à vivre en harmonie avec la nature. C'est l'expédition «Peuples de l'Eau». *Fleur de Lampaul* devient le «Voilier Océanographique des Enfants» et traverse pour la première fois l'Atlantique. Qui aurait cru qu'un jour ses voiles se gonfleraient du souffle tiède des alizés, bien loin de sa Bretagne natale ?
Année 1995. La *Fleur* repart pour l'Amérique. C'est l'expédition «Jeunes Marins Reporters». Le nom reste pour désigner tous les jeunes qui, embarquant à bord à la découverte du monde, deviennent ambassadeurs de leur génération.
En 1997, trois mois d'expédition emmènent un nouvel équipage dans les mers bretonnes, à la découverte de l'histoire de *Fleur de Lampaul*.
Enfin, 1998... Le vieux caboteur, qui aurait pu mourir au fond d'un aber, part faire le tour du monde. L'aventure est loin d'être finie !

2 - Equipement de sécurité et de communication

Inmarsat B / Inmarsat C
Moyens de communication par satellite permettant l'envoi, depuis n'importe où dans le monde, de textes, de photos, de son et d'images vidéo. Ils permettent également d'avoir accès à Internet.
Médecine par satellite
En cas de problème médical, l'équipage dispose de moyens précis d'identification des symptômes. Une fois le diagnostic établi, il est envoyé par satellite au médecin Jean-Yves Chauve, qui prescrit immédiatement le traitement à suivre, le comportement à adopter. Nous disposons à bord d'une pharmacie complète, adaptée aux climats tropicaux.
Balise de détresse par satellite
Se déclenche automatiquement en cas de naufrage.
Radios
VHF à bord, plus deux VHF portables. BLU
Caractéristiques nautiques
Navire à utilisation collective, armé en Première catégorie. Capacité : 18 à 40 passagers, selon les distances par rapport aux côtes.

Pour le film, *Fleur de Lampaul* est équipée de cinq caméras, dont deux sous-marines, et d'un banc de montage portable. Celui-ci sert à la réalisation des «cartes postales» envoyées chaque semaine par satellite à La Cinquième.
Les quatre ordinateurs du bord sont utilisés pour les communications avec la France, le derushage des cassettes vidéos (identification des séquences) et l'écriture.

NOTRE BILAN

Neuf mois de voyage. D'aventure. Neuf mois pour découvrir le monde et pour gandir, neuf mois pour éveiller sa conscience à l'existence des autres hommes et pour naître à soi-même. *Fleur de Lampaul* nous a offert l'opportunité de rencontrer des jeunes aux quatre coins de la planète. Nous avons pu apprendre combien la vie est tout à la fois infiniment dure, et obstinément belle. Voici donc venue l'heure d'un petit bilan provisoire, en attendant le bilan «définitif» du sixième livre... C'est un peu notre manière de vous dire au revoir, le sourire aux lèvres, en vous remerciant d'avoir suivi notre histoire. Avant de passer la parole au second équipage, qui embarque bientôt pour la suite du tour du monde.

La nature

Pour moi, c'est important de voyager, parce que cela me permet d'ouvrir un peu mon horizon. J'ai pu remarquer qu'il y a beaucoup de peuples qui ont une attitude envers la nature complètement différente de la nôtre. J'ai vu des peuples capables de vivre de la nature sans la détruire. Mais dans d'autres cultures, comme la mienne, la destruction de l'environnement est un grand problème. J'ai remarqué qu'il nous manque le respect de la nature, une profonde alliance avec elle. Comme nous ne l'observons pas, comme nous vivons loin d'elle, comment pourrions-nous l'aimer ? Je ne veux pas dire que tout le monde doit redevenir fermier. J'essaye juste de me rendre compte d'où vient notre distance par rapport à la nature. Ce que je trouve un peu dommage, c'est que notre culture laisse très peu de place à d'autres points de vue. «L'indien de la forêt tropicale» est facilement considéré comme un sauvage. Mais je me demande si les autres peuples n'ont pas juste suivi un développement dans une autre direction, en mettant en avant d'autres valeurs. Chaque peuple peut apprendre de l'autre. Comme nous, par exemple, nous pouvons apprendre des Amérindiens un certain respect de la nature. La solution de notre problème ne peut exister dans un retour à l'état naturel ou «sauvage». Je pense qu'elle existe dans le progrès, un progrès réfléchi, un développement durable, emprunt du respect de la nature développé par d'autres peuples. Vera

Conscience planétaire

Ce que j'ai acquis de plus important pendant l'expédition, c'est une sorte de conscience planétaire. Avant de partir, je ne pensais pas que certains de mes actes pouvaient avoir des conséquences sur d'autres personnes, d'autres pays. Au Cap-Vert, j'ai appris qu'une partie de la sécheresse, et donc des famines, était due à la pollution des Occidentaux. Nous vivons tous sur une même planète, nos continents ne sont pas si éloignés les uns des autres : c'est toute une interdépendance qui relie les peuples du monde. Je crois qu'il m'est possible de faire quelque chose, même si je n'ai que quinze ans et qu'à moi seule, je ne changerai pas le monde. C'est en commençant par soi que l'on avance, mais c'est à plusieurs que nous serons efficaces, c'est pourquoi j'ai envie de partager cette prise de conscience, de faire passer le message. Et je ferai un métier qui me permette d'agir. Je veux faire partie des «adultes du XXIe siècle». Madeleine

Les relations à bord

Ce que j'attendais de la *Fleur*, c'était d'avoir neuf nouveaux meilleurs amis, avec lesquels on ne se disputerait jamais... en fait, comme l'on a l'impression que cela se passe dans les films de la *Fleur*. Mais j'ai bientôt découvert que les films sont faits pour rêver. Et la réalité, c'est autre chose qu'un rêve (ou qu'un film). En fait, on s'est disputé presque chaque jour, ce qui est normal, étant donné le peu de place à bord, et les différences de nos caractères. Maintenant, à la fin de notre expédition, quand je repense à cela, je trouve plutôt qu'on est comme des frères et sœurs. La *Fleur* c'est, au fond, un microcosme de la Terre sur 22 m de coque. Dans les relations à bord, nous avons toutes les facettes imaginables : des sentiments comme la solidarité, la colère, l'amour fraternel, la familiarité, la superficialité, la profondeur. Grâce à cela, nous avons appris à prendre en charge nos problèmes et en ceci, la *Fleur* a été pour nous une bonne école de vie. Vera

«Je suis quelqu'un»

Avant d'arriver sur la *Fleur* je n'avais pas cette notion d'être soi-même, d'être naturelle et ce n'est qu'en arrivant à bord que j'ai réalisé que j'étais quelqu'un avec ma personnalité, mes qualités et mes défauts. C'est pour moi une prise de conscience importante, mais difficile à vivre par moments. Faire connaissance avec mes défauts a été une rude épreuve. Lorsqu'on me faisait des reproches, je me retrouvais soudain comme dans un gouffre sans issue, sans forces pour trouver le moyen d'en sortir. J'avais envie de m'enfuir, et dans le fond, c'était me fuir moi-même. Si j'ai appris à mieux me connaître (et mes défauts en particulier), c'est grâce aux autres, grâce à la vie en groupe qui fait ressortir la personnalité de chacun. Mais en réfléchissant bien, je me suis demandé quelle était vraiment ma personnalité : qu'est-ce qui vient vraiment de moi, qu'est-ce qui m'appartient en propre, dans mes réactions, mes idées, mes gestes ? Commence pour moi un grand voyage à la découverte et à la rencontre de moi-même, dans lequel j'aurai très certainement besoin... des autres.

REMERCIEMENTS

Fleur de lampaul a beaucoup d'amis, et chaque voyage, chaque escale en amène de nouveaux... Nous ne sommes pas prêts d'oublier l'hospitalité de tous ceux qui nous ont si chaleureusement accueillis ou aidé, sur place ou en France. Nous voulons ici les remercier.

ILE DE PAQUES

Sergio RAPU, Marcos RAUCH, Miguel NAHOE, Clahudya FERNANDEZ HAOA, Margaret HAOA TEAO, Diego JAIME ZUNIGA, Lyn HORIMPA, KARI KARI, MATATO'A, VAI KAPUA, José-Luis GUTIERREZ et AZUL TAHAI.

MARQUISES

Les habitants de HATIHEU, Pierre et Marie-Noëlle OTTINO-GARANGER, Yvonne KATUPA, Tihateaki VAIANUI, Rose TAUPOTINI, Jeanne..., les habitants de HAKAHETAU, Etienne HOKAUPOKO, Collège TE FENUA ENATA, Lilianne HUGUIER, TAHITI TOURISME.

TUAMOTU

Thierry et Caroline BERNICOT, Ferme KOMOKA PERLES, Paul FEREEA, Louisa TEATO, Tearo Nui TEATO, Tetua TEATO.

ILES DE LA SOCIÉTÉ

Christian GLEIZAL, Alain et Cristina PLANTIER, Association PIPIRIMA, Elianne ALLAIS NOBLE DE MAIS, les enfants de la baie de FA'AROA à RAIATEA.

Nous tenons à remercier personnellement quelques-uns de nos partenaires, avec qui nous collaborons plus particulièrement pour que Fleur de Lampaul puisse réaliser son tour du monde.
Ils nous apportent un appui indispensable, de précieux conseils, et nous donnent du cœur à l'ouvrage : chez CANAL J, Marion AGUESSE ; au CENTRE NATIONAL DE DOCUMENTATION PEDAGOGIQUE, Robert JAMMES, Guy SIMONIN ; au CENTRE NATIONAL DE LA CINEMATOGRAPHIE, Laurent CORMIER, Marie-Claude SEVEAU ; au CONSEIL GENERAL DE LA VENDEE, Laurent PINEAU ; chez CPC France, Maïa BEAUDELAIRE, Sébastien LE BOUFFANT ; chez FLEURY MICHON, Yves GONNORD, Stéphane PETIT, Marie GOISNEAU, Christine ROUSSEAU ; à la FONDATION NICOLAS HULOT, Nicolas HULOT ; chez FRANCE TELECOM, François JACOB, Cécile PARMENTIER, Mireille LE VAN ; chez GALLIMARD JEUNESSE, Françoise CHABBERT ; chez GEDEON PROGRAMMES, Stéphane MILLIÈRE ; à l'INSTITUT DE RECHERCHE POUR LE DEVELOPPEMENT, Marie-Noëlle FAVIER ; chez KODAK PATHE, Madame KOUDRINE, François ESCHAPASSE ; à LA CINQUIEME, Michelle VALLON, Jean MINO, Laurence LE THERIZIEN, Hervé GUÉRIN, Hervé CAUCHY, Frédérique LEMAIRE, Nathalie REYRE ; à la MAIF, Dominique THIRY, Bruno TRENCIA ; au MINISTERE DE L'EDUCATION NATIONALE DE LA RECHERCHE ET DE LA TECHNOLOGIE, Anne LONGUET, Isabelle GERARD, Hélène ORMIERES ; au MUSEUM NATIONAL D'HISTOIRE NATURELLE, Henry DE LUMLEY ; chez NESTLE FRANCE, Philippe ZENTZ D'ALNOIS ; chez PERFECT VIDEO, Jean-Philippe LOURY; à la REGION DES PAYS DE LA LOIRE, Isabelle LEMARECHAL, Isabelle JOLY ; chez RHONE-POULENC RORER, Raymond-Pierre BODIN, Xavier LEGRAND DU LAURENS ; chez SECURNET, José REMY; chez TAG INTERACTIVE, Thomas LEPINE, Stéphane LHERRIER, Françoise TARTINVILLE ; l'UNICEF.

Et que tous ceux que nous ne pouvons citer, faute de place, nous pardonnent...

Nous n'oublions pas non plus tous ceux qui, depuis la France, participent quotidiennement à la réalisation de l'expédition, ou encore ceux qui, un jour ou l'autre, nous ont donné un sacré coup de main :
il y a d'abord tous nos amis et artisans de l'Ile d'Yeu, notre port d'attache, qui nous ont tant aidé à préparer ce grand voyage.
Je tiens aussi à remercier personnellement Jean-Baptiste, pour sa grande disponibilité et ses précieux conseils, Manu et Ian, pour les textes tapés, Julien, pour notre collaboration image-écriture, Philippe, mon relecteur attitré, Charlie, pour sa confiance et ses enseignements, Nathalie, Sophie et Mélanie, qui m'encouragent, et Simon MAZURELLE, pour sa patience et son soutien.
Il y a également les membres de l'association «Le Voilier Océanographique des Enfants», de plus en plus nombreux, et les membres du conseil d'administration de l'association : Jo ANDRIEUX, Jean-Olivier HERON, Gaël MERIADEC, Claudia MOUSNIER, Patrick MOUSNIER, Emilie SAGE, Gérard SAGE.
Pour les films, un grand merci à Dominique DURAND, notre monteur, à Raphaël CAZAUX, notre ingénieur-son, ainsi qu'à Christian LANDAIS, Gilles SALLE et toute l'équipe d'AMP.
Sans oublier, bien sûr, les médecins d'EQUIDISTANCE ASSISTANCE, Laurent BOIDIN, Jean-Yves CHAUVE, Eric CHIALE, qui jour après jour prennent soin de notre santé, ainsi que Philippe ANDRIEUX.
Enfin, notre reconnaissance va à nos familles, qui nous font confiance, supportent ce projet un peu fou et acceptent notre absence.

Pour tous ceux qui désirent être tenus informés régulièrement des activités de Fleur de Lampaul, nous proposons de contacter l'association :
«Le Voilier Océanographique des Enfants»
17, Quai de la Mairie - 85350 L'Ile d'Yeu
02-51-58-52-00